礼仪故事

从古人身上学到的礼仪智慧

韩玉龙 编

朝華出版社
BLOSSOM PRESS

图书在版编目（CIP）数据

礼仪故事 : 从古人身上学到的礼仪智慧 / 韩玉龙编
. -- 北京 : 朝华出版社, 2022.9
ISBN 978-7-5054-5013-4

Ⅰ. ①礼… Ⅱ. ①韩… Ⅲ. ①礼仪－通俗读物 Ⅳ.
①K891.26-49

中国版本图书馆CIP数据核字（2022）第000615号

礼仪故事：从古人身上学到的礼仪智慧

作　　者　韩玉龙
选题策划　未来趋势
责任编辑　刘冰远
责任印制　陆竞赢　崔　航
装帧设计　刘昌凤

出版发行　朝华出版社
社　　址　北京市西城区百万庄大街24号　　邮政编码　100037
订购电话　（010）68996061　68995512
传　　真　（010）88415258（发行部）
联系版权　zhbq@cipg.org.cn
网　　址　http://zhcb.cipg.org.cn
印　　刷　三河市元兴印务有限公司
经　　销　全国新华书店
开　　本　660mm×960mm　1/16　　字　　数　172千字
印　　张　12.75
版　　次　2022年9月第1版　2022年9月第1次印刷
装　　别　平
书　　号　ISBN 978-7-5054-5013-4
定　　价　59.80元

前言

不学礼，无以立

礼仪是什么？在古代，“礼”和“仪”是两个不同的概念：“礼”是一种制度、规则和社会意识；“仪”则是“礼”的具体表现形式，是根据“礼”的内容而形成的系统程序，诸如祭祀、婚丧礼仪等。

人是社会性动物，不能离群索居，必须进行团体生活，所以不论是家庭生活还是社交聚会，人们的言行举止都应有适当的礼制，都必须在一定的礼仪规范中进行，否则，社会的秩序就会被破坏。历史告诉我们，讲究礼貌、遵守礼仪规范，是维护社会秩序稳定的重要基石。一个社会的动荡、一个国家的动乱，往往就是从破坏最起码的公共生活规则开始的。因此，古人反复强调，“人无礼则不生，事无礼则不成，国家无礼则不宁”。

礼仪原本是民众的风俗习惯，进入阶级社会后，统治者出于维护其统治地位的需要，将其中一部分风俗习惯固定化、程式化，进而上升成一种制度。在中国古代，儒家所倡导的“以礼治国”一直是社会思想的主流。“礼制”对人们的行为方式做出规范和约束，在很大程度上推动着中国社会的发展与中华文明的进步。

古人云：“不学礼，无以立。”中华民族拥有优良的文明礼仪传统，素有“礼仪之邦”的美称。礼仪作为中华传统文化的重要组成部分，早已渗透到社会生活的方方面面。小到谦敬友爱，大到齐家治国，可以说，礼仪文化无时不在，无处不在。

本书选取了我国古代与礼仪有关的知名的历史典故、民间故事，其中包含着十分丰富的礼仪知识，对我们了解古代的礼仪文化非常有帮助。但也应该认识到，由于时代的局限性，故事中有些思想和观点已经不能完全契合当下的时代精神。我们在阅读这些小故事的过程中，应该注意吸收传统礼仪文化的精髓，去除其糟粕的部分，不断完善自身修养，塑造健全的人格，传承民族精神。

目录

第一篇

孝敬长辈，尊师重道

目录

第二篇

克己慎独，正心诚意

目录

目录

目录

第三篇

立信为本，恒心如一

目录

第四篇

为政以仁，举贤授能

目录

第五篇

分寸合度，不卑不亢

第六篇

周听不蔽，朝过夕改

目录

第一篇

孝敬长辈，尊师重道

01

孔融让梨

孔融，字文举，东汉末年文学家，“建安七子”之一。他家学渊源，是孔子的二十世孙。孔融小时候便天资聪慧，勤奋好学，大家都夸他是奇童。

孔融四岁的时候，有一天，他的父亲买了一些梨子，让他和几个哥哥一起分着吃。孔融就挑了其中最小的一个给自己。大人问他为什么这么做，孔融回答说：“我年纪最小，应当拿最小的梨。”

孔融让梨的故事很快传遍了曲阜，并且一直流传至今，成了许多父母教育子女时必举的例子。《三字经》中也有“融四岁，能让梨。弟于长，宜先知”的句子。

02

卧冰求鲤

王祥，字休徵，琅邪临沂人，魏晋时期大臣。

王祥幼年丧母，他随父亲与继母朱氏一起生活。然而朱氏待他十分不善，还经常在他的父亲面前数落他的不是。继母总是搬弄是非，导致父亲也不待见他，总是让他去干打扫牛棚这种又脏又累的活儿。但是王祥却丝毫不在意，待继母如同自己的生母。

王祥的父亲和继母都有疾病，他为了照顾二老，常常衣不解带。有一年冬天，天寒地冻，继母朱氏想吃鲤鱼。但是由于天太冷了，河面都已经结成了冰，他根本没有办法去河中捉鱼。

王祥心中非常焦急，最终他想到了使河水解冻的办法。他将自己的衣服解开，躺在冰面上，打算用自己的体温使冰面融化。正在这时，冰冻的河面突然化开，从河中蹦出了两条鲤鱼，王祥十分惊喜，赶忙将鱼捉住带回了家。

有一天，继母朱氏又想吃烤黄雀，然而抓黄雀并不容易。这时，突然有十来只黄雀钻进了王祥捕鸟的网中，于是他将黄雀悉数捉住烹制给继母吃。

王祥的事使邻里乡亲们大为惊叹，人们都认为他得到双鲤和黄雀是因为孝心感动了天地。

王祥家里有一棵果树结了果实，继母便让他每天守着树，防止鸟儿啄食或附近的孩子偷摘果子。每当风雨来临，王祥就抱着树哭泣，生怕树上的果子被吹落太多。他的孝心已经到了这种地步。

王祥的孝心之举被广为称赞，当时还有歌颂他的诗：继母人间有，王祥天下无。至今河水上，留得卧冰模。

03

扇枕温衾

黄香，字文强，江夏安陆人，东汉时期官员。黄香很小的时候，就懂得孝顺亲长的道理。九岁的时候，黄香的母亲便去世了，从此，他和父亲相依为命。

夏天到了，天气变得炎热。到了夜里，不仅闷热，蚊蝇也很多。黄香在隔壁的房间睡觉，时常听见父亲用手拍打蚊蝇的声音。得知父亲夜里睡不安稳，黄香十分担心，于是他想到一个办法。每天傍晚，他就坐在父亲的床前，用扇子把蚊帐里的蚊蝇全部驱逐出去，之后，他再掖好蚊帐，对着帐内使劲地扇风。这样到了晚上，帐子里已经没有蚊蝇了，枕头和席子也变得清凉，父亲终于可以睡上一个好觉了。整整一个夏天，黄香都坚持为父亲的床铺扇风。

到了冬天，天气严寒，黄香考虑到父亲晚上睡觉会很冷，于是他又想到了一个办法。在父亲睡觉之前，他便躺在父亲的床上，将冰冷的被褥裹紧自己，用自己的体温使父亲的被褥渐渐暖和起来，这样父亲睡觉的时候就不会感觉冷了。

黄香的事迹渐渐传开，大家都夸他是孝顺的孩子。当时还有人称赞他是“天下无双，江夏黄香”。《三字经》中“香九龄，能温席，孝于亲，所当执”，说的就是黄香温席的故事。

04

张良下邳拾履

张良，字子房，颍川城父人。秦末汉初杰出的谋臣，西汉开国功臣之一，与韩信、萧何并称为“汉初三杰”。

张良曾经在圯桥上闲逛，桥上有一个老人，穿着粗布衣裳，等到张良走到他身边的时候，他脱掉自己的鞋子，径直扔到了桥下。老人看了张良一眼，用命令的口吻对他说：“小伙子，下去把我的鞋子拾上来！”张良感到十分错愕，甚至想打他。但是看到对方只是一个老人，于是强忍住自己的怒气，走到桥下，把老人的鞋子拾了上来。老人又说：“替我把鞋子穿上！”张良心想，既然已经替他把鞋子拾了上来，就好人做到底吧。于是他半跪下来，帮老人穿鞋。鞋子穿好后，老人笑着走开了。张良感到很奇怪，视线也一直追随着老人的背影。老人走了有一里远，又转了回来，对张良说：“你这个小伙子可以教导教导。五天以后，天一亮的时候，你就在这里等我。”张良感到更奇怪了，但还是跪下来说：“好。”

五天之后，天刚破晓，张良就往邳桥那边去，结果老人已经在桥上等待了。老人十分生气地说：“与长辈约会，居然迟来，为什么？”于是他径直离开了，还说：“过五天你再来。”

又过五天之后，雄鸡刚叫，张良就去了。结果老人仍旧比张良先到，他又大怒，对张良说：“又迟了，为什么？”老人再次径直离开，并且对张良说：“你过五天，再早点儿来。”

又五天之后，张良半夜就去了桥上。等了一会儿，老人来了。老人见到他很高兴，说：“这样才对。”他拿出一本书递给张良，说：“读了这本书，你就可以做帝王之师了。十年之后，你就会发迹。十三年以后，你到济北来见我，谷城山下黄石公就是我。”说完就离开了，张良也再未见到这个老人。

张良认为这本书非同寻常，于是日夜研读，这本书就是《太公兵法》。

05

曾子避席

曾参，字子舆，鲁国南武城人。春秋末年思想家，儒学大家，后人尊称他为“曾子”。他的父亲是曾点，字皙，七十二贤之一，父子二人同为孔子的徒弟。

有一天，曾参在孔子的身边侍坐，孔子问他：“昔日的圣贤之王有至高无上的德行，精通深奥玄妙的理论，用来教导天下之人，人们就能和睦相处，君王与臣下之间没有矛盾，你知道这是什么道理吗？”曾参立刻站起来，并退到席子外面，说：“学生不聪明，怎么能知道这样深刻的道理呢？还请老师指点我。”

当曾参听到自己的老师孔子打算向他传授道理时，他立刻退到席外，俯首恭听圣人的教诲，这是他对老师的尊重。曾子尊师重道的行为也一直是后世的典范。

06

程门立雪

杨时，字中立，号龟山，北宋哲学家、文学家。杨时先后学于程颢、程颐，与游酢、吕大临、谢良佐并称为“程门四大弟子”。

杨时曾是宋朝理学家程颢的弟子，程颢死后，杨时仍然虚心向学，于是他约上好友游酢，二人一同去洛阳拜访程颢之弟——著名的理学家程颐。

游酢、杨时到达程颐家门前的时候，先生正靠在椅子上闭目休息。游、杨二人不忍心打扰老师，就站在门外等老师醒来。

这时，天上下起了鹅毛大雪，不一会儿天地就一片白色了，但是二人依然安静地站立在漫天风雪之中。

过了一段时间，程颐醒了，二人这才敢叨扰老师。这时候，门外的积雪已经有一尺多深了。程颐看到满身是雪的游酢和杨时二人丝毫没有倦怠之色，不禁感叹不已，于是对他们说：“你们快去休息吧。”

杨时拜访程颐的时候，已经四十多岁了，并且考取了进士，是一位功成名就的学者。那时的游酢，也是小有成就的学者。而二人为不打扰老师休息，站在雪中直至大雪没膝，这种虔心求学与尊师重道的精神，一直为世人所称赞。程颐视二人为得意门生，倾囊相授。此后，游、杨二人潜心研习、刻苦钻研，终于得到老师的真传，成为举世闻名的理学大家。

07

杨香扼虎

杨香，晋朝人。杨香很小的时候，她的母亲就去世了，她便跟父亲杨丰相依为命。杨香从小就很孝顺，父女二人日子虽然清贫，但也自得其乐。

杨香十四岁的时候，一天，她跟随父亲一起去农田里干农活儿。农庄附近的林子里突然蹿出来一只大老虎，它猛地扑向杨丰，一口咬住了杨丰的身体。年纪尚小的杨香哪里见过这种情景，一开始吓得不知所措，满头大汗。老虎叼住杨丰，就往林子里跑。杨香这时才反应过来，她又惊又怕，但是看见父亲万分痛苦的模样，她一时忘记了自己与老虎之间力量的悬殊，眼里只有父亲的安危。她猛地冲向老虎，用力一跃，跳到了老虎的背上。她双手紧紧卡住老虎的脖子，使出了全身的力气，无论老虎怎样摆动身体，试图把杨香从背上甩下去，她都紧紧扼住老虎的喉咙，宁死也不松手。老虎被杨香掐得喘不过气来，只好张大了嘴巴，杨丰趁机从虎口逃脱。但是杨香却没有因此松手，仍旧紧紧卡住老虎的喉咙不放，最终，恶虎瘫倒在地，艰难地喘着气，渐渐不动了。

杨香是一个弱小的孩童，虽然手无寸铁，但是为了救父亲而勇斗恶虎，这被传为一桩奇事，她的孝心和勇气着实令人赞叹。

08

缇萦救父

汉朝时，齐国临淄有一个医者淳于意，担任过太仓令。他医术精湛，传说能预断生死，因此只救治那些可以医治的人，对那些已经病入膏肓的人，他一律拒绝治疗。因此，随着他医者之名远扬，也招来了不少人的怨恨。

汉文帝四年（前 176），有人向汉文帝上书，举发淳于意在担任太仓令时曾经收受贿赂。按照当时的法律，他将被押解到长安，并且被执以割鼻的肉刑。

淳于意没有儿子，只有五个女儿。在被押往长安的路途中，五个女儿跟随着他的囚车，看到披枷戴锁的父亲，一路上止不住地哭泣。淳于意心中又怨又愤，他对天骂道："家中没有男子，如今在危急之时，竟然没有能帮得上忙的孩子！"淳于意最小的女儿缇萦听到父亲的话，感到非常伤心。她心想：男儿是人，女儿也是人，难道只有儿子才能为父亲做事吗？于是她决心要尽自己的力量解救父亲。她一路跟随着父亲的囚车，向长安走去。

到了长安，想见到皇帝却不容易。她只好写一封长信，希望能上奏到汉文帝手中。她在信中说："我的父亲淳于意，曾经担任过太仓令。在临淄的时候，人人都称赞他廉洁公正。然而今天，他因为犯了罪将要被处以肉刑。我深深为人死不能复生而感到悲痛，然而受过肉刑的人也不可能再长出新的肢体，即使想要改过自新，也没有办法做到了。今日我愿意入官府中为奴为婢，只求为我的父亲赎罪，让他能够有一个改过自新的机会。”

她的书信被送到汉文帝手中，汉文帝读后，深深为缇萦的孝心所感动，同时也觉得肉刑确实太过残忍。他不仅免去了淳于意的刑罚，同时颁发了诏令，废除了肉刑，改用笞刑来代替割鼻、砍脚等一系列残酷的刑罚。

缇萦不仅用自己的孝心与坚忍拯救了父亲，同时也为当时的人们做了好事。她的胆识与勇气也被人们称赞。东汉史学家班固更是作诗称赞她的壮举：

三王德弥薄，惟后用肉刑。
太仓令有罪，就递长安城。
自恨身无子，困急独茕茕。
小女痛父言，死者不可生。
上书诣阙下，思古歌鸡鸣。
忧心摧折裂，晨风扬激声。
圣汉孝文帝，恻然感至情。
百男何愦愦，不如一缇萦！

09

宋濂嗜学

宋濂是明代著名的文学家、政治家、史学家、思想家。他与高启、刘基并称为“明初诗文三大家”，被明太祖朱元璋誉为“开国文臣之首”。明洪武十一年（1378），宋濂告老还乡的第二年，他应召从家乡来到应天（今南京），他的同乡中有一位姓马的太学生特地来拜访他。为了勉励自己的晚辈潜心学习，宋濂写下了这篇《送东阳马生序》，文章中，他介绍了自己以前艰苦求学的经历。

我年少的时候就嗜好读书。那时候我家中贫穷，没有多余的钱买书，我就常常从藏书的人家借来，自己手抄，并且约定时间送还。天气酷寒之时，砚台里的墨水都结成了冰，手指冻僵了都没有办法屈伸，我也从来没停下抄书。一本书抄录完毕，我就赶紧还给人家，生怕超过了约定的期限。因此人家都愿意借书给我，我也得以遍观群书。等到我成年之后，我更加仰慕圣贤之道，却苦于不能和学识渊博的老师、名士交游，于是我就自己跑到百里之外的地方，拿着经书向同乡前辈求教。前辈们德高望重，门人、弟子都挤满了整个房间，但前辈的言辞态度依然严厉。我站在一边陪侍，常常俯身贴耳去向老师请教。有时候遭到老师的训斥，表情就更恭敬，礼数就更周到，不敢多出一言。

等到老师心情好了，就继续向老师请教。我虽然愚笨，最终还是获得了不少见识。

当我求师时，我背着书箱，拖着鞋履，行走在深山巨谷中，严冬寒风凛冽，大雪积了几尺深，脚上的皮肤都皲裂开了，我已经没有知觉了。到了学舍以后，我四肢僵硬不能动弹，仆人用热水给我洗澡，给我裹上被子，过了很久我才缓和过来。住在旅舍的时候，主人家一天给我两顿饭，没有什么肉食。同舍的学生都穿着锦绣华服，戴着珠宝装饰的帽子，腰上挂着白玉环，左边佩刀，右边佩有香囊，神采飞扬；而我日日穿着破旧衣服处在他们之间，却丝毫没有艳羡之意。这是因为我心中有足以使我快乐之事，所以不觉得在吃穿上的享受不如别人。我求学时的辛劳大抵如此。

现在的太学生们，朝廷每天都提供膳食，父母每年都提供冬衣夏葛，再也没有挨饿受冻的忧虑；坐在宽敞明亮的屋子里读书，再也没有奔波的辛劳；有司业、博士做他们的老师，再也没有问而不答、求而无所获的情况了；凡是应该具备的书籍，都已经集中在这里，不需要再像我当年那样从别人那里借来再亲手抄书了。如今这样的条件，他们当中还有学艺不精、品德不佳的人，那肯定不是因为天资不够聪慧，而是因为求学之心不像我这么专一、坚定，这难道还能是其他人的过错吗？

东阳的年轻人马君则，已经在太学中学习两年了，同辈人都称赞他的德行。此次我到京师朝见天子时，马君则以同乡晚辈的身份来看望我，还写了一封长信。他的文辞畅达，我与他辩论时，他言语恭敬，态度温和。他说自己少年时便潜心于学，非常刻苦。他可以说是善于学习的人了！现在他将要回乡拜见自己的亲人，所以我特地将自己治学的艰辛告知于他。

10

元觉劝父

春秋时期，有个叫孙元觉的人，他从小就勤奋好学，才思敏捷，孝顺父母，尊敬长辈。

可是元觉的父亲却非常不孝顺，经常虐待元觉的爷爷，对待老人从来没有好脸色，还动不动就辱骂老人，不是嫌弃老人做事慢，就是抱怨老人胃口太好，把家里都吃穷了。有时候，甚至一整天不让老人吃一口饭，老人实在饿极了就喝凉水充饥。元觉的爷爷因此也是常常仰天长叹，哀叹自己命苦。

年幼的元觉看在眼里，疼在心里，劝父亲又起不到一点儿作用，于是元觉只能经常私藏干粮，趁着父亲外出时偷偷给爷爷吃。元觉还经常陪爷爷聊天，以此缓解爷爷内心的痛苦。

后来，元觉的爷爷生了一场大病，行动不便，需要人照顾。父亲因此变得更不耐烦了。有一次，爷爷不小心打碎了一个碗，惹得父亲暴跳如雷，扬言要把爷爷扔到深山里去。元觉哭着央求父亲："父亲，父亲，您不要这样做呀！不要这样做呀！"父亲见元觉在旁边又哭又叫、不依不饶，便哄骗元觉说："爷爷年纪大了，年老不死会变成妖怪吃人的。"

说完这些话，父亲便拿来一个大竹筐，把重病的爷爷放到了竹筐里，然后背起竹筐就往山里走。元觉舍不得慈爱的爷爷，就紧紧跟在父亲身后。

到了山里，父亲把装着爷爷的竹筐放下便要走，一点儿没有舍不得的样子。元觉看着奄奄一息的爷爷，痛心不已，便拉住父亲，对他说：“既然父亲这样做，那就把竹筐拿回去吧！”

父亲不明白孩子的意思，还以为元觉是赞同了自己的做法，便欣喜地摸了摸元觉的头，接着便弯下腰去拾竹筐。这时元觉又说：“等父亲年老体弱的时候，我也用这个竹筐来装父亲，把父亲也扔进这大山里！”父亲这才恍然大悟，一下跌坐在地上。

等缓过神时，父亲连忙把元觉的爷爷背回了家。从那以后，父亲再也没动过什么坏心思，因为他害怕同样的悲剧有一天也会发生在自己的身上。

11

李勣焚须

李勣，本姓徐，名勣，字懋功，唐朝杰出的军事家。唐高祖李渊赐他姓李，改名为李勣，并且封他为英国公。

李勣为人乐善好施，不论关系亲疏，只要他人有困难，他都会尽力帮助，所以深受大家爱戴。李勣与姐姐的故事，还被百姓当作一段佳话，流传在民间。

李勣的母亲去世得很早，他的姐姐既要挑起家里的重担，又要扮演母亲的角色。春夏秋冬、衣食住行，当姐姐的总是牺牲自己，尽可能地照顾好弟弟，不让他受一点儿风寒，也不让他忍一点儿饥饿。李勣非常感恩姐姐为自己所做的一切，立志要照顾好姐姐，让姐姐过上幸福无忧的日子。

时光荏苒，李勣和姐姐都已生了白发。有一次李勣返乡探亲，碰巧姐姐生病了。李勣见到病床上的姐姐，既心疼又觉得无能为力，他想为姐姐做些什么，于是决定每天为姐姐煮粥。

这天，李勣在屋子外面蹲着用炉子煮粥，一阵风吹过来，火星儿竟把李勣的胡须烧着了。姐姐看见了便说："我们家里仆人很多，你为什么要自己煮粥，辛苦到这般地步呢？"李勣摇摇头，回答道："我哪里是因为没有人帮忙呢？我常年在外做官，与姐姐相聚太不容易了，而姐弟之情，是任何事物都替代不了的。况且现在姐姐已经老了，我也老了，我们还能有多少时间相聚在一起呢？我为姐姐煮粥的机会也越来越少，就让我好好地照顾您吧！”

姐姐听完内心感慨万千，望着胡子被烧焦的李勣，不禁湿了眼眶。

12

子骞求父留母

中国古代剧目中有一出《打芦花》，讲的是闵子骞求父留母的故事。

闵子骞年幼时母亲便去世了，只留下他与父亲相依为命。后来，父亲又娶了一位妻子。谁知子骞的后母极其伪善，往往是人前人后两个样子。子骞虽然不被后母待见，但是他始终秉持宽容待人的态度，泰然处之，从不在父亲面前抱怨。

子骞的父亲以经商为生，常年外出。偶尔回家一次，后母也总是表现得对子骞很好，平均分配子骞与自己所生的两个儿子的所有东西，父亲看到后深深赞赏后母的仁厚。

适逢冬天，后母给几个孩子都做了棉衣。然而子骞的棉衣里是芦花絮，两个弟弟的棉衣里却是棉花絮。芦花哪里能御寒呢？年幼的子骞寒冷极了，不禁打起了寒战。父亲不知情，以为子骞是懒惰，不肯干活儿，就用鞭子抽了他一下。谁知子骞的棉衣被抽破了，芦花从棉衣里飞了出去。父亲这才发现，子骞穿的竟然是芦花做的棉衣。他又去检查子骞两个弟弟的棉衣，发现两人穿的都是棉花做的棉衣！父亲恍然大悟，一下子明白了继室的伪善与可恨，便想休了她。子骞见状便跪下来请求父亲，说："母亲虽然待我一人不好，但她若是离开了，我的两个弟弟和我岂不是都要失去母亲，无依无靠了？"父亲和后母听完非常感动，抱头痛哭，年幼的孩子尚且懂得宽厚待人，作为大人却怎么如此不懂礼法呢？

从此以后，后母对待子骞如同己出，一家人和和睦睦，家里充满了欢声笑语。

13

郯子扮鹿

郯子是周朝人，他出生在一户普通的农民家庭。父母非常重视对郯子的教育，从郯子小时候开始，父母就让他在言行举止方面皆依照礼法，不得有半点儿松懈。

转眼间，郯子长大成人了。因为从小受父母的严厉教育，长大后的郯子举止翩翩、言行有度，变成了为人称赞的青年。郯子还主动挑起生活的重担，照顾父母的饮食起居。他白天下地干活儿，晚上便陪着父母聊些家常，以解父母在家烦闷的情绪。等父母睡下之后，他才起来读书写字。郯子从不懈怠，一年到头，几乎天天如此。

可是，不幸的事情发生了，他的父母同时染上了一种奇怪的眼疾，两人都双目失明了。郯子整日在外奔波，到处求医问药。可是令人绝望的是，无论尝试了多少种药方，父母的双眼依旧看不到一点儿光明。

尽管如此，郯子丝毫没有动摇让父母双目复明的决心，仍然四处打听询问。直到有一天，他找到一位名医。可是让人犯难的是，名医的祖传药方中有一味药引子万分难求，那便是野鹿乳。野鹿多是群居的，且警惕性极高，受到惊吓的鹿乳药用价值又会大大减低，这可让郯子犯难了。

郯子想了很多办法，都没有成功接近母鹿。最后他决定身披鹿皮，扮成鹿的模样，混入鹿群，以获取新鲜的鹿乳。为了消除自己身上的气味，郯子还躺在鹿粪里打滚。经过一番处理，在郯子悄悄接近鹿群时，鹿群果真以为他是同类，都没有避开他。历经千辛万苦，郯子终于获得了一小罐鹿乳，心满意足地回了家。

可就在回家的途中，郯子险些被捕猎者当作真鹿而遭箭射，幸好郯子及时脱下鹿皮，说明了原委，才不至于受伤。

郯子父母喝了添加野鹿乳的药，几个月之后，眼睛慢慢重见光明。从此，郯子的贤明和孝心就这样传开了，当地人一致推举郯子做了郯国的第一任国君。

14

魏昭尊师重道

郭泰，字林宗，东汉时期名士。他师从屈伯彦，博通群书，是远近闻名的大儒。他与许劭并称“许郭”，被誉为“介休三贤”之一。魏昭，东汉末年人。他年幼求学时，听闻郭林宗的事迹，认为郭林宗是一位难得的好老师，便心生拜师学习的念头，无奈一直未能如愿。

后来，魏昭到洛阳任官，虽然洛阳距离南阳路途遥远，魏昭仍决定拜远在南阳的郭林宗为师。

这天，魏昭携带礼品，来郭林宗家中拜访。郭林宗听闻魏昭位居官位，声名在外，便认为魏昭是个桀骜不驯的人，所以拒不相见。仆人见状就劝说魏昭离开，魏昭却认为尊师重道，多等片刻没有什么要紧的，于是在门口静候。良久，郭林宗见魏昭一行仍没有离开，便吩咐仆人打开门，让魏昭进来。此时郭林宗已经卧病在床，虽然让魏昭进来，可也只是简单寒暄，未曾教与学识。

一天夜里，郭林宗突然旧病发作，仆人想要下去熬药时，却被叫住吩咐道：“我要魏昭亲自熬药。”然而当魏昭端着煮好的药进来时，郭林宗却呵责他熬的药太烫，让魏昭再熬一次。再次送上汤药后，郭林宗又呵斥说药太苦，让魏昭退下重熬。这时，一旁的仆人看不下去了，拉住魏昭便说：“老爷，我们不熬了！您是来拜师学习的，在这里反复熬药伺候他干什么！”

魏昭见仆人不知礼节，便怒斥道：“不得无礼！尊师重道本就是做学生应懂的道理，何况，他老人家卧病在床，行动不便，吩咐我再多次也不为过呀！我怎么能因为这点儿小事便退缩呢！”仆人听后便退到门外静候了。魏昭说完，就重新熬药去了。等熬好药，魏昭本以为郭林宗又会找个理由打发自己重新熬药，没想到郭林宗吩咐仆人接过药碗，放在一旁，面露微笑地说：“我以前只看到你的外表，未曾知道你的真心，今天终于是知道啦！”

郭林宗欣赏魏昭尊师重道，不辞辛苦，便收魏昭为徒，将毕生所学悉数教给了魏昭。而魏昭也终成大器，成为中国历史上著名的儒家学者。

15

柳公权拜师

柳公权，字诚悬，唐代著名书法家、诗人。

柳公权小的时候，字写得歪歪扭扭，受到了先生的严厉批评。柳公权非常惭愧，从此刻苦练字。渐渐地，他的字写得越来越好，超过了全村所有同龄人。年幼的柳公权觉得自己天赋异禀，渐渐骄傲起来。

有一天，柳公权和一帮孩子在村口举办“笔会”，讨论如何写好字。这时，村口一个卖豆腐脑的老人看到路边围了一圈人，场面异常热闹，便放下担子，走入人群，发现原来是一群孩子在练书法，为首的就是柳公权。只见柳公权三下五除二便写完了一幅字：“会写飞凤家，敢在人前夸。”写完后，柳公权扬扬自得，等待周围人的夸奖，看到老人在看着自己，他得意地问：“老爷爷，您看我的字怎么样？”老人看柳公权年纪不大，但是傲气十足，便想杀杀他的锐气。他摇了摇头，说道：“我觉得不怎么样，字写得缺筋少骨，实在很一般。”

柳公权听了这话，很不服气，他将笔和纸往老人面前一放，说：“既然您说我的字不好，那您写一幅给我看看吧！”老人笑了笑，说：“老汉只是个粗人，煮个豆、磨个浆还行，你要让我写字，那岂不是为难我？不过，华京城里有个没有双手的老头儿，人家用脚写的字都比你好哩！不信你就去华京城看看吧！”年幼的柳公权听到老人的话，觉得这是对自己的极大羞辱，便赌气跑开了。

次日，柳公权想起昨天老人说的话，便决定去华京城看一看。

柳公权就这样一个人来到了华京城。他东走走、西逛逛，看到邻近北城门的一棵大树下围着一大群人。柳公权用力挤了进去，果然看到有一位失去双手的老人坐在地上，左脚压纸，右脚夹笔，在宣纸上飞快地写着，运笔如神，丝毫没有因为失去双手而被限制住，反而越发洒脱。低头看那一首七律，布局讲究，结构严谨，笔法雄健有力。真是天外有天，人外有人啊！被老人深深震撼的柳公权，扑通一声跪在老人面前，说道："老爷爷您真的是太厉害了！我长这么大，第一次见到字写得如此出神入化的人，我一定要拜您为师！请您传授我写好字的秘诀吧！"

老人连忙用脚拉起柳公权，慢慢地说道："孩子，我怎么能当你的师傅呢？我没有双手，只好靠脚写字谋生，对书法只不过是略懂皮毛而已。"柳公权以为老人不愿教授秘诀，便跪在地上，苦苦哀求道："您一定要收我为徒！我是真心想跟随您学习书法的！"老人深受感动，便用脚写了一首诗送给他："写尽八缸水，砚染涝池黑；博取百家长，始得龙凤飞。"

年幼的柳公权知道这是在教育自己：凡事只要持之以恒、锲而不舍，总会做出一番成就。他从此更加认真学习，严格要求自己，终于成为一代书法名家。他的字被称作"柳体"，与"颜体"齐名，并称为"颜筋柳骨"。

16

颜回释菜

孔子曾在陈、蔡两国逗留，他的主张遭到了陈、蔡两国大夫的反对。这时，楚国军队驻扎在城父，听说孔子在陈蔡之地，便派人请孔子去楚国做官。陈、蔡两国的大夫认为孔子去楚国会对他们造成威胁，便派人围困孔子和他的弟子。

孔子和弟子们被围困了七天之久，粮食都已经吃完了，只能煮野菜汤充饥，汤里一粒米都没有，然而孔子及弟子仍旧在室内抚琴而歌。颜回在老师的房门口放上一把野菜，照常行释菜之礼（古代敬师礼）。子路、子贡对颜回说："夫子在鲁国被驱逐，在卫国险些被杀害，在宋国讲学时乘凉的大树也被砍去，如今在陈、蔡两国之间又遭受厄运。杀害夫子无罪，欺负夫子的事情也不禁止，然而夫子却抚琴而歌，击鼓而舞，礼乐之音未尝断绝。大概君子没有羞耻之心就是这样吧？"颜回听了无言以对，只好将他们的话转告给孔子。

孔子听完后，笑着推开了琴，长叹一声道："由和赐（子路和子贡）真是见识短浅啊，你把他们唤过来，我有话对他们说。"子路和子贡来到夫子房中，子路说："如今这样可以说是穷困了！"孔子说："由，这是什么话？君子通达于道叫作'通'，君子不通于道才叫作'穷'。现在我怀抱仁义之道却遭逢乱世之祸，怎么能叫作穷呢？我常常自省，我对仁义之道的坚持没有值得愧疚的，我面对危难也没有失掉自己的品德。严寒到来，霜雪降临，我因此知道松柏的茂盛。昔日，齐桓公的霸心生于莒，晋文公的霸心生于曹，越王勾践的霸心生于会稽。如今陈、蔡的困厄，于我是何其幸运！”

孔子说罢，又转身继续弹琴作歌，子路得到老师的教诲，兴奋得手舞足蹈。子贡说：“我真是不知天高地厚啊！”古往今来，那些得道的人，向来是穷也快乐，达也快乐，他们不是为自身穷达而快乐，而是为内心得道而快乐，所以穷或达在他们看来并无不同。

第二篇

克己慎独，正心诚意

17

管宁割席

管宁，字幼安，东汉末年至三国时期著名隐士。管宁与华歆曾经是好朋友，当初他们一起求学的时候，常常一边读书，一边劳作。

有一天，管宁和华歆一起在园中锄地种菜，突然，他们在地里翻出了一块金子。管宁继续挥舞锄头劳作，在他眼里，金子与瓦石并没有什么区别。华歆捡起了金子，高兴地拿在手里看了看，他瞥见管宁不满的神色，只好将金子丢到了一边。

又一天，他二人同坐在席上读书。这时，有一辆华丽的车子从他们门前经过。管宁仍旧像之前一样专心读书，不受任何干扰；而华歆却不由得好奇，把书本扔到一边，跑出去看热闹了。等到华歆看热闹回来，管宁用刀子割断两人共用的席子，与他分席而坐，对他说："你不再是我的朋友了。"

这就是著名的"管宁割席"的故事。它告诫人们在交友的时候，要选择在学习上可以互相促进、切磋琢磨，在品行上可以相互劝勉的朋友。千百年来，管宁也被视为不慕荣利的典型。

18

智子疑邻

战国时期，宋国有一个富人，家境十分殷实。有一天下起了大雨，他家院子里的围墙塌了一段。他站在塌掉的围墙旁边，若有所思。

这时，富人的儿子对他说："父亲，如果不赶紧把围墙修好，肯定会有小偷进来。"富人听到儿子的话，觉得非常有道理，连连称赞儿子十分聪慧。这时，邻居的一位老人路过他家的院墙旁边，也对他说："院墙要赶紧修啊，不然会招贼的。"但是富人却没有理会。

到了晚上，富人回到家中，发现家里丢失了大量财物。富人十分气愤，盗贼的消息怎么会如此灵通！他非常怀疑家中失窃就是自己邻居那个老头儿所为。但是想到自己的儿子这么聪明，这么有先见之明，他又感到十分欣慰。

富人的儿子与邻居家的老人建议是一样的，富人怀疑邻居偷盗，却认为儿子聪慧。这种偏见是不可取的。

19

礼待属官

徐公调任到杭州，有一天，当地有一个总管和一个万户（官职名）到他的私人宅邸拜访。徐公便用招待宾客的礼节请他们上坐。正巧此时有一个书吏从外边进来，看见徐公正在招待客人，他就赶紧回避了。

等到两位客人离开以后，书吏对徐公说：“总管和万户都是您管辖的官员，却得到您这样体面的接待，礼节是不是太过了？”徐公回答说：“在官府公堂上，有官阶高低的差别，但是在家中，只有主客之分。我们这些人只要做到廉洁公正，那么所有的属官自然知道敬重畏惧，又何必倚仗权势，骄横地凌驾于他们之上，以此来树立自己的威望呢？”书吏听了徐公的话，感到十分惭愧。

徐公身为长官，对待下属却始终以礼视之，不骄矜自傲，这种谦和有礼的处世态度，必然会赢得他人的尊重。

20

瓜田李下

古代乐府诗《君子行》有云：“君子防未然，不处嫌疑间。瓜田不纳履，李下不整冠。”“瓜田李下”讲的是北齐袁聿修拒收友人礼物的故事。

袁聿修是南北朝时期的北齐临漳（今河北临漳）人。他出身于名门望族，聪慧非常，少有所成，见多识广，且为人十分稳重。袁聿修九岁时就做了州主簿，十八岁时又做了州中正兼尚书度支郎中，后来又升任为博陵太守。他在任上一直政绩突出，很受当地百姓的爱戴。

袁聿修之所以声望很高，很受世人推崇，这与他为人清醒自守、为官清正廉洁是分不开的。据说他在担任尚书期间，从未喝过别人家的一升酒。所以人们又送给他一个雅号——“清郎”。

武成帝太宁年间，袁聿修作为太常寺少卿出使地方，考查当地官员的得失。他途经兖州时，时任兖州刺史的邢邵正是他多年的好友。老友相聚，自然是相谈甚欢。分别时，邢邵拿出一匹上好的白绸送给袁聿修作纪念。虽然会让老朋友为难，但是袁聿修还是果断拒绝了朋友的礼物。他留下一封书信赠予老友，信中说：“我今日路过你处，与平日不同。古人说，经过瓜田时不要弯腰提鞋子，走在李树下不要伸手整理帽子，只有这样才能避免嫌疑。古人用心之谨慎，是我们应当学习的。人言可畏，应当像防御水患一样慎重对待。希望老友你能体会我的用心，不要过于责怪我。”

看了袁聿修这番话，邢邵也领会了朋友的良苦用心。

21

六尺巷

六尺巷，位于安徽省桐城市西南，长约一百米，宽两米，始建于清朝康熙年间。六尺巷东起西后街巷，西抵百子堂。巷南是张英宰相府，巷北是吴氏老宅。巷道的两端都立着石牌坊，东边牌坊上刻着“礼让”二字，西边牌坊上刻着“懿德流芳”。“六尺巷”的故事源于一次邻里之间的土地纠纷。

清朝康熙年间，张英在朝中担任文华殿大学士兼礼部尚书。有一天，他收到了一封家信，母亲在信上说要他赶紧回桐城老家，解决与邻居的土地争端。原来，张英老家桐城的府邸，与吴氏为邻。因为两家的住所都是祖上的老宅，年代久远，所以在宅基的问题上就讲不清楚。这回家中人要扩建府宅，想让吴家让出三尺地，但吴家不肯，一来二去起了争执，两家人还闹到了官府上。县官也不好判定谁是谁非，十分为难。于是张家人就修书一封，让张英赶紧回家解决这件事。

张英看罢信，于是提笔写了一封回信。待家中人收到来信展开后，信上只有四句话：“千里修书只为墙，让他三尺又何妨？万里长城今犹在，不见当年秦始皇。”家人看了信，不禁惭愧不已。于是张家人主动拆除了院墙，后退三尺。吴家人也为此举感动，于是他们把自家的院墙拆了，也后退三尺。这样，张、吴两家之间就有了一道六尺宽的巷子，人们把这条巷子称为“六尺巷”。它象征着邻里之间互相谦让、互相包容的美德。

22

伯玉守礼

蘧伯玉，名瑗，字伯玉，春秋时期卫国人。他为人正直，端方守礼。他曾经说：“我活到了五十岁，发现前四十九年犯了不少过错。”

有一次，蘧伯玉派使者到鲁国去拜访孔子。孔子请使者坐下，问：“近来，伯玉先生在做些什么？”使者回答说：“我们先生常常想着要减少自己的错误，但觉得还是没有做到。”使者走后，孔子感叹道：“伯玉派来的人很可靠。”

一天夜晚，卫灵公和夫人在宫中闲坐，忽然听到远处有车马经过的声音，但是到宫门的时候，声音却停止了，过了一会儿，车马声又响起来了。卫灵公问夫人：“你知道这个人是谁吗？”夫人说：“这必定是蘧伯玉。”卫灵公说：“你是怎么知道的呢？”夫人说：“我听说礼仪规定，大臣经过国君的门口必须下车，在路上扶轼致敬，以表达对君王的尊重。真正的忠臣孝子，不会因为在白天人多之时就表现得有礼有节，也不会因为在夜里无人之时而放弃自己的操守。蘧伯玉是卫国的贤大夫，他仁义而明智，对上恭敬，必然不会因为在夜里无人而放弃礼仪，因此我知道这人必定是蘧伯玉。”卫灵公派人去看，果然，路过的车马就是蘧伯玉的。蘧伯玉不因为在晚上没有人看见就废弃礼节，始终言行如一。

卫献公十八年（前559），卫国卿大夫孙林父将要攻打卫国，他想拉拢蘧伯玉，就对他说：“当今国君暴虐无道，我怕社稷倾覆，到了那时该怎么办呢？”蘧伯玉说：“国君统治他的国家，做臣子的不应该冒犯。就算另立新君，又怎么能保证一定比旧君好呢？”于是他远离是非之地，跑到国外避难去了。卫献公三十年（前 547），甯喜想要帮助卫献公返回卫国，他把这件事告诉蘧伯玉，蘧伯玉却说：“我从没有听说过君主出国的消息，自然也不知道他要回来。”于是他再次出境，以免卷入卫国的乱政中。孔子称赞他：“邦有道，则仕；邦无道，则可卷而怀之。”

23

邹忌照镜

邹忌，战国时期齐国人。他身高八尺有余，外表十分俊美。有一天早晨，他穿戴好衣帽，对着镜子端详自己。他对妻子说：“我跟城北徐公相比，谁更美？”城北的徐公，是齐国有名的美男子。妻子对他说：“你太美了，徐公哪里能比得上你！”邹忌对自己也没有十足的信心，于是他又问他的小妾，说：“你看我和城北徐公相比，哪一个更美呢？”小妾说：“徐公哪里比得上你呢？”第二天，邹忌在家中接待客人。他与客人攀谈中，顺便问道：“我与徐公谁更美呢？”客人说：“徐公的美貌比不上您啊。”

又过了一天，徐公来了。邹忌仔细打量徐公一番，自己也认为容貌不如徐公，又对着镜子照照自己，觉得不仅不如，还差得很远。夜里睡觉的时候，邹忌躺在床上琢磨道：“妻子说我比较美，是因为她偏爱我；小妾说我美，是因为她害怕我；客人说我美，是因为他有求于我啊。”

于是他入朝去见齐威王，说：“我的确知道自己不如徐公美丽。但是我的妻子偏爱我，我的小妾害怕我，我的客人有求于我，他们都对我说我比徐公更美。而现在，齐国的土地方圆千里，城邑百二十个，妃嫔没有不偏爱大王您的，朝廷之臣没有不害怕大王您的，四方之境的人没有谁不是有求于大王您的。由此可见，大王您受到的蒙蔽已经很深了。”

齐威王听了邹忌的话，认为非常有道理。于是他下令：“臣子、官吏甚至是百姓，能当面指出寡人错误的，给上赏；能上书指出寡人过失的，给中赏；能在大庭广众之下议论批评我，并且传到我耳中的，给下赏。”政令刚刚颁布的时候，文武百官纷纷进谏，门庭若市；几个月之后，也只是陆陆续续有人来提意见了；过了一年，齐国吏治清明，有人想提意见也没有了。燕、赵、韩、魏等国听说了齐国的这种情况，都来朝拜齐国。

人人都希望自己得到别人的赞美和认同，但是在面对别人的夸赞时，要保持清醒的头脑，不能偏听偏信。只有广泛听取别人的意见，区分利弊，采纳好的意见，才能不断完善自身。

24

子罕不受玉

乐喜，字子罕，春秋时期宋国的贤臣。

有一次，宋国有人得到了一块美玉，他将这块美玉献给子罕，但是子罕却拒绝了。献玉的人说："我将这块玉拿给雕琢玉器的工匠们看了，大家都说这是一块宝玉，所以我才斗胆将它敬献给您。"子罕听罢，对他说："我将不贪财视作珍宝，你将这块玉视作珍宝。假使你将玉给了我，我就丢失了'不贪财'的德行，而你也将失去这块宝玉。这样我们两个人都会失掉珍贵的东西。既然如此，不如我们各自都保存好自己的宝物。"

献玉者叩首对子罕说："小人身怀这块宝玉，恐怕不能安全地把它带回故乡，我将玉石送给您，也使我免遭祸患。"于是，子罕将美玉安置在自己的乡里，请一位玉匠雕琢成了宝器并且卖掉它，他将卖玉所得的金钱都给了献玉之人，使他安全地返回了自己的故乡。

《道德经》中说："是以圣人欲不欲，不贵难得之货；学不学，复众人之所过。以辅万物之自然，而不敢为。"就是说，圣人常常追求其他人不想要的东西，而不去追求那些稀罕难得的珍宝；学习常人不想学习的知识，补救众人不学所犯的过错。这就如同"道"，帮助万物保持其本性而不加干预。

25

秋水

秋天来了，河水上涨，所有小的河流都灌注到黄河里去。河水宽阔浩渺，水流激荡，两岸及河中小洲之间，连对面是牛是马都分辨不清。于是河伯（河神）欣然自得，以为天下的美景都在自己这里了。

河伯顺着水流往东走，来到了北海边。他向东望去，看不见水的边界。于是他转头四望，北海茫茫根本无边无际。他望向大海对海神若（海神的名字）说："俗话说，'听说的道理多了，就觉得没有人能赶得上自己了'。这说的就是我啊！我曾经听说过还有人认为孔子懂得的东西太少，认为伯夷的高义不值得看重，开始我还不敢相信世上竟有这样的人。今天我亲眼看到了北海的无边无际，要不是我自己亲自来到你门前，那我就危险了，我将长久地被大方之家耻笑啊！"

海神若说："井底之蛙不可以和它谈论大海的事情，因为受到所处环境的限制；夏天的虫子不可以和它谈论冰的事情，因为受到季节的限制；乡曲之士不可以和他谈论大道，因为受到礼教的限制。现在你从河边出来，见到了大海，终于知道自己的不足，我可以和你讲大道理了。天下的水，没有比海更广阔的，万川都将归于大海不会停止，而海水却不因此而满盈；海水从尾闾（传说中海水所归之处）间流出，不知道什么时候停止，而海水也不会因此减少；无论春天还是秋天，无论涝灾还是旱灾，大海都不会受到影响。

“大海的容量远远超过江河，但我并没有因此而自满。天地赋予我形体，阴阳赋予我生气，我之于天地，就如木石之于山林。知道自己的渺小，又怎会自满呢！四海在天地之中，不就像蚁穴在川泽中一样吗？那中国（居于中间的国家，指中原地区）在四海之中，不也像小米在大仓之中一样吗？这世间有物类万种，人只是其中一种；人类聚在九州之中，凡是粮食所生长的地方，舟船所通行的地方，个人不过是人群中的一分子；人与万物相比，不就像马身上的一根毫毛吗？五帝所运筹的，三王所争夺的，仁者所忧虑的，能者所辛劳的，都是如此而已。伯夷以辞让君位来获取名声，仲尼以谈论天下事炫耀知识渊博，这不就像你之前以为水多而自满一样吗？”

26

不为五斗米折腰

陶渊明，东晋著名的山水田园派诗人、文学家。他的曾祖父是大司马陶侃，他的祖父陶茂和父亲陶逸都做过太守。陶渊明年少的时候，便有高尚之志，他才华出类拔萃，个性洒脱不羁。他曾经写过一篇《五柳先生传》：“先生不知何许人也，亦不详其姓字，宅边有五柳树，因以为号焉。闲静少言，不慕荣利。好读书，不求甚解；每有会意，便欣然忘食。性嗜酒，家贫不能常得。亲旧知其如此，或置酒而招之；造饮辄尽，期在必醉。既醉而退，曾不吝情去留。环堵萧然，不蔽风日；短褐穿结，箪瓢屡空，晏如也。常著文章自娱，颇示己志。忘怀得失，以此自终。”人们看了，都觉得文如其人。

东晋末期，朝政腐败，社会黑暗。生性淡泊的陶渊明常常因受不了官场黑暗而显得格格不入。起初，他也有“猛志逸四海，骞翮思远翥”的抱负，但是黑暗污浊的现实让他有志难酬。他断断续续做过一些小官，过着时而为官时而退隐的生活。义熙元年（405），年过四十的陶渊明为了养家糊口，在亲戚朋友的推荐下，来到离家不远的彭泽县做县令。

这年冬天，浔阳郡派督邮刘云前来检查公务。刘云这个人贪婪无度，凶狠狡诈，每年都会以巡视为名，借机索要贿赂，否则就会在背后中伤使诈。县里的官吏对陶渊明说：“大人，您应该穿戴整齐去迎接督邮。”陶渊明听了感叹道：“我不能为了五斗米的俸禄，就曲意逢迎这种小人！”于是他挂印而去，再不出仕。尽管生活清贫，他始终安然自得，绝意仕途。

在辞去彭泽县令一职归隐田园之时，陶渊明写下了著名的辞赋《归去来兮辞》。文章中写道：“归去来兮，请息交以绝游。世与我而相违，复驾言兮焉求？悦亲戚之情话，乐琴书以消忧。农人告余以春及，将有事于西畴。或命巾车，或棹孤舟。既窈窕以寻壑，亦崎岖而经丘。木欣欣以向荣，泉涓涓而始流。善万物之得时，感吾生之行休。”全文语言清新自然，感情真挚，表达了作者不与世俗同流合污的高洁情操，也寄托了作者归隐田园的生活理想。

27

乐羊子妻

河南郡乐羊子的妻子，不知是哪户人家的女儿。有一次，羊子走在路上，捡到了一块金子。他很兴奋，把金子带回家交给妻子。谁知妻子看到后，非但不高兴，还说：“我听说有志之士从来不喝盗泉的水，清廉正直的人不会接受别人扔给他的食物，更何况是捡别人丢失的物品来谋取利益，这是败坏自己的品德啊！”羊子听了妻子的话，感到十分惭愧，于是他将捡到的金子扔到了野外，并且离家拜师求学去了。

一年后，乐羊子回到了家中，妻子看到他突然归来，就问他原因。羊子说：“我就是出门在外久了，想念你们，并没有其他的原因。”妻子听后，从案上拿起刀，走到自己织布的机杼前面，对丈夫说：“这些丝织品从蚕茧中生出，在机杼上织成。一根丝一根丝地积累，才达到一寸长，又一寸一寸地积累，终于成了一匹织物。今天我如果将它们剪断，那么这匹织物就再也织不成了，我之前连天累月下的功夫也全部浪费了。你出门治学，也应当知道，是自己每天花费的功夫，最终成就了美好的德行。如果还未学成就中途回来了，这跟我剪断这匹织物有什么区别？”羊子听了妻子的话很感动，于是立刻离家继续求学，七年都没有回来。在羊子求学期间，妻子一直辛勤操持着家务。

有一次，邻居家的一只鸡误入了羊子家的院子。羊子的母亲就把这只鸡抓来，杀了做菜吃。到了晚上吃饭的时候，羊子的妻子坐在餐桌旁边，不但不吃饭，还对着那盘菜哭泣。婆婆就问她为什么这样。她说：“我只是感伤家中实在太过贫困，才让您吃了邻居家的鸡啊。”婆婆听了她的话，也觉得非常惭愧，最终还是将这盘菜扔了。

28

鲁相嗜鱼

公孙仪在鲁国做宰相，他特别喜欢吃鱼，几乎顿顿都要做鱼吃。他爱吃鱼的事情渐渐传开了，举国上下没有人不知道，于是许多人为了奉承他，都去买鱼送给他，然而都被公孙仪拒绝了。

公孙仪的弟子对他说：“夫子您既然这么爱吃鱼，别人送鱼您却不接受，这是为什么呢？”公孙仪回答说：“正是因为我爱吃鱼，所以才不能接受。如果我接受了别人送的鱼，那我必然就要逢迎别人的脸色，逢迎了别人的脸色，久而久之，就有可能做出与法律相悖的事情。一旦做了与法律相悖的事情，那我的相位也不保了。我现在做宰相，自己能够买得起鱼，如果因为接受了别人送的鱼而被罢免，以后谁还会给我送鱼呢？如果不接受别人送的鱼，我就不会做出违背法律的事情，也能保住自己的相位，这样至少还能满足自己吃鱼的要求。”

公孙仪拒绝受鱼的故事一直被传为美谈，就是因为他清醒地认识到，依靠别人不如依靠自己，与其让别人为自己打算，不如自己为自己打算。管住小节，才能不失大节。

29

介之推不言禄

晋献公时，晋国发生内乱，公子重耳出逃。在流亡国外时，生存艰难，重耳和跟随他的臣子们常常食不果腹，靠野菜充饥。重耳咽不下野菜，侍从介之推就割掉自己腿上的肉，煮汤给重耳喝。重耳发现后，答应日后重重犒赏介之推。

重耳后来回到晋国，平定了叛乱并当上国君（即晋文公）。晋文公对当时追随他逃亡的人都进行了封赏，但介之推没有提及爵禄一事，晋文公也就忘记了给介之推封赏。

介之推说："晋献公有九个儿子，只有国君尚在。惠公（重耳之弟）、怀公（惠公之子）没有亲信，诸侯、百姓都厌弃他们。上天不亡我晋国，就必定会有新的君主。如今主持晋国祭祀的人，不是文公还能是谁呢？这是上天的安排，那些人却以为是自己的力量，这不是一种欺骗吗？偷盗了别人的钱财，尚且被称为盗贼，更何况把上天的功劳据为己有？臣子把这种欺骗当作道义，君王赏赐有欺骗行为的人，上下相互欺瞒蒙骗，我实在难以认同啊！"

介之推的母亲问他："为何不去求得赏赐呢？如今这样到死又能埋怨谁呢？"

介之推说："明知这种行为是错误的，却还要去效仿它，那罪过就更甚了。我只是说些埋怨的话，不会接受国君的俸禄。”

母亲说：“那也应该让国君知道吧？”

介之推回答说：“言语，是人身上的装饰物。如今我身将归隐，还需要用言语去装饰什么呢？这样做，岂不是故意让人知道？”

母亲听了，感慨道：“你如果能这样做，我就与你一同隐居。”于是，介之推和母亲一直在绵山中隐居。

后来晋文公知道了此事，去绵山请介之推出山，但介之推执意不肯。有人献计给晋文公，让他放火烧山，逼介之推母子出山。结果介之推和母亲合抱一棵大树，焚身于火海之中。

据说晋文公烧山的那一天正好是清明节前一天，为了悼念介之推，晋文公便规定这一天举国都不生火，只吃冷食。这便是寒食节的由来。

30

颜斶说齐王

颜斶，战国时期齐国的隐士。

齐宣王召见颜斶，对他说："颜斶上前来！"颜斶也说："大王上前来！"齐宣王对他的无礼感到非常不高兴。左右臣子说："大王是民众的君王，颜斶是民众的臣子。大王说'颜斶上前'，颜斶也说'大王上前'，这合适吗？"

颜斶回答说："我上前是贪慕权势，而大王上前是礼贤下士。与其让我贪慕权势，不如让大王来礼贤下士。"齐宣王愤怒地问道："是做君王的尊贵还是做士人的尊贵？"

颜斶说："士人尊贵，君王不尊贵。"齐宣王问："这说法有什么道理吗？"颜斶说："有。当初秦国攻打齐国，秦王曾下令说：'有胆敢去柳下季坟前五十步之内砍柴的，死罪不赦。'他还下令说：'有能得到齐王头颅的人，封万户侯，赐金万两。'可以见得，活着的齐王头颅，还不如死去的士人坟墓。"齐宣王听了没有说话，但是很不高兴。

左右的近臣冲颜斶说道："颜斶过来！大王拥有千乘之地，建千斤重的钟、万斤重的钟架。天下仁义之士都来入仕，有识之士与善辩之人都来为齐王出谋划策；四方诸侯，没有不臣服于齐国的。齐王想要什么便拥有什么，百姓没有不拥戴大王的。而那些所谓的士人，好一点儿的被称为匹夫，徒步于田间地头；卑微一点儿的，就居于穷乡僻壤之中，为别人看护庭院。士人的地位更是卑贱无比啊！”

颜斶回答说：“不是这样。我听说大禹时代，有诸侯万国，这是为何？因为他德行仁厚，得贵士之力相助。因此舜虽然出身于畎亩，生长在乡野，最终成为天子。到了商汤之时，诸侯也有三千之数。而到了今天，能自称为‘寡人’的，只有二十四个了。由此来看，这岂非是‘得士’与‘失士’导致的？而一旦国家破败，即使想要做一个看门护院的人，恐怕也不能够了。所以《易经》上说：‘居上位，未得其实，以喜其为名者，必以骄奢为行；据慢骄奢，则凶必从之。’也就是说，没有才能只追求虚名的人，必然使国土日益衰減；没有德行却希求福报的人，就会越来越穷困；没有功劳却享受俸禄的人，就会自取其辱。这些人必然会招致灾祸。所以书上说：‘矜功不立，虚愿不至。（好大喜功却无所作为，那些不切实际的愿望就不会实现。）’这就是无才无德、只求虚名的人的下场。因此，尧有九人辅佐，舜有七人为友，禹有五人为丞相，汤有三人襄助，从古到今，从没有出现过靠着追求虚名而得天下的人。因此君王不应以向他人求教为耻，不应以向下臣学习为愧。那些因为高尚的道德而功名扬于后世的，尧、舜、禹、汤、周文王就是。‘无形者，形之君也；无端者，事之本也’，是说向上能追溯本源，向下能通晓事物流变，至圣之人明白该学习探求什么，哪里还会有不吉之事发生？老子说‘虽贵，必以贱为本；虽高，必以下为基。是以侯王称孤寡、不穀，是其贱之本与？’孤寡，不正是卑贱地居于下位的人吗？侯王用孤寡自称，不正是谦居他人之下，尊重士人的行为吗？尧传位给舜，舜传位给禹，周成王任用周公旦，世世代代都称赞他们是明君，就是因为他们知道士人的尊贵！”

齐宣王听了，感叹道：“君子岂可侮辱，寡人是自讨没趣啊！今日我听了君子之言，才知什么是小人之行，请先生收寡人做弟子吧！一定让您锦衣玉食、车马相随，先生的家眷也能衣着华美。”

颜斶听了立刻拒绝道：“玉生于深山，一旦雕琢就破坏了它，并非说雕琢之后玉就不珍贵了，而是璞玉的天然本质不复存在了。士人生于乡野，被选拔任用就获得了禄位，并非说他不再尊贵了，而是他作为士人的形神已经不全了。我还是愿意回到乡间，粗茶淡饭也当作美味，徒步就当作乘车，没有罪过就当作尊贵，清净纯正以自娱自乐。大王您发号施令，颜斶我尽忠直言。我该说的都说完了，请大王容许我平平安安地回归故里。”说完，颜斶拜了两拜，便离开了。

颜斶是一个懂得知足之乐的人，所以他归真返璞，终身不受侮。

31

无主之梨

许衡，字仲平，元初有名的政治家、教育家和思想家。他家中世代都是农民。许衡小的时候就展现出过人的天赋，七岁时他入私学读书，跟随老师学习文章辞句。有一天，他问老师："读书是为了什么呢？"老师说："读书是为了参加科举，取得功名。"许衡又问："仅仅就是这些吗？"老师听了他的反问，感到很惊奇。

每次上课的时候，许衡都要向老师询问书中的旨义。时间久了，老师就对许衡的父母说："许衡这个孩子，天资聪颖，领悟力不凡，日后必能成大器，我已经教授不了他了。"于是辞去了老师一职。许衡父母虽然再三挽留，老师还是坚决地离开了。

就这样，许衡前后换了三位老师。他渐渐长大，越来越嗜学如命。然而，当时正逢乱世，家中贫困，没有足够的书给他读。有一次，许衡见到占卜的人家中有《尚书》疏义，他便请求在占卜人家中留宿一晚，亲手将书抄录下来，回家后再仔细研读。后来他逃难到徂徕山，才得到了王辅嗣阐释《周易》的文章。

身处兵荒马乱的年代，许衡却从来没有荒废学习。他日诵夜读，努力揣摩文章的旨义，并力求自己言行合一。有一年盛夏，他和一些人结伴出行，路过河阳，天气酷热，大家都又累又渴。恰巧路边有一些梨树，树上结了不少梨子。大家争相摘梨子解渴，许衡却一个人坐在梨树底下，神态自若。有人问他为什么不去摘梨子，许衡说：“梨树不是我的，我不能去摘。”别人听了，都说：“现在世道纷乱，这梨树哪有什么主人？”许衡说：“梨树没有主人，难道我的心也没有主人吗？”

32

羊续悬鱼

羊续，字兴祖，东汉大臣。羊续任南阳郡太守时，当地多权豪之家，他们大多崇尚奢豪的生活，铺张浪费。羊续一直对这种豪奢之风痛心疾首。羊续自己清贫节俭，常常穿着破烂衣服，吃着粗茶淡饭，出门乘坐的马车也十分破败。南阳的官员见太守如此节俭，也渐渐收敛了豪奢之气。

羊续没有什么别的爱好，唯独爱吃鱼。府丞听说了以后，就买来活鱼送给他。羊续当场不便拒绝，只好接受了府丞送的鱼，但是他并没有烹煮食用，而是将鱼用绳子挂在自家门庭上。过了一段时间，府丞又给羊续送鱼。羊续指着门庭悬挂着的已经被风干的鱼给府丞看，并告诉他，你上次送我的鱼都还没有吃，以后也不必再送鱼过来了。府丞恍然大悟。此事传开后，百姓们都称赞他廉洁奉公，并称呼他“悬鱼太守”。

羊续在老家的妻子得知他在南阳郡做了大官，于是带着儿子来到南阳郡。二人到了羊续的府宅门口，羊续却闭门不见。妻子便让儿子去府内，羊续将自己的家私展示给儿子看，只有床单、被子，破旧的短衣、汗衫，几瓶盐和麦子而已。他对儿子说：“我在这里自己尚且过着这样的生活，又怎么能给你们优渥的生活呢？”于是羊续让妻子和儿子回老家了。

33

华歆王朗乘船避难

华歆和王朗是三国时期人，两人是至交好友。他二人在当时都颇有声望，不仅学识渊博，德行也备受称赞，因此不免有人将他二人做比较，评价二人品行孰优孰劣。

有一年，他们的家乡遭到盗贼抢掠，乡民们不得不纷纷逃难。华歆和王朗同乘一艘船离开。此时有一个逃难的人跑过来，想要搭乘他们的船离开。华歆感到很为难，正迟疑不决的时候，王朗说："我们的船恰好地方够宽敞，有什么不行的呢？"于是就让这个人上了船。

船行了几天，盗贼就追上来了。王朗害怕那个最后上船的人就是盗贼追击的对象，又担心船载人太多拖慢了行进速度，于是打算丢下最后上船的那个人。华歆制止道："我当时之所以犹疑，正是因为这个原因。但是现在我们既然已经接受了人家的嘱托，怎么能够因为情况危急就出尔反尔，抛弃别人呢？"于是华歆仍旧和之前一样，带着这个人一起避难。

华歆的道义与守信，使世人认为他的品行在王朗之上。

34

周处改过自新

周处是晋朝义兴县人，从小就失去了父亲。还没到二十岁，周处便体力过人，爱好骑马打猎，却不注重自己的品行修养，生活放纵，无所顾忌，好逞凶斗勇，所以乡里的百姓都把他当作祸害。周处也知道自己被人憎恶，于是萌生了改过自新的想法。

周处对乡亲们说："今年四时和顺，五谷丰登，乡亲们为什么而愁苦呢？"乡亲们长叹道："三害还没有除去，怎么能快乐呢？"周处问："三害是什么？"一个老人回答说："南山有白头猛虎，长桥下的河中有大蛟，加上你就是三害啊！"周处听了并没有生气，他对老人说："如果这些就是祸患，我能把它们除掉。"老人说："如果你能除掉它们，那就是咱们郡值得庆贺的大事，不仅仅是除害而已。"

于是周处去南山射杀了猛兽，又潜入水中与大蛟搏斗，大蛟一会儿游上来，一会儿又潜进水中，一直游了数十里，周处一直猛追不舍。

过了三天三夜，乡里人没有周处的消息，都以为周处已经和大蛟同归于尽了，于是大家相互庆祝。最终，周处杀死了大蛟，回到乡里。听到乡亲们以为自己死了都在庆祝，他才意识到乡亲们对自己有多厌恶。于是他下定决心改过，去了吴地寻找当时的名士陆机、陆云兄弟。当时陆机不在，周处见到了陆云，便把自己的情况都说给了陆云，还说："我现在想改过，但是已经白白蹉跎了少年时光，恐怕已经来不及了。”陆云说：“古人说，早上闻道晚上死去都值得，只要你肯修习，就一定会有所成。现在你应该忧心的是还没有立下志向，何必忧虑不能身名显达呢！”

于是周处坚定自己的意志，潜心学习。他文思斐然，性情刚烈，言而有信，严于律己。过了一整年，州和府都在征召官员，于是周处出仕，担任东观左丞。

35

杨震四知

杨震，字伯起，东汉时期弘农郡人。他自幼就聪明好学，博览群经，通晓欧阳家所著《欧阳尚书》，被当时的儒士称为“关西孔子杨伯起”。杨震专心为学，授业二十余年，不应州郡征辟。虽然众人都认为杨震已经年老，但是他却志向愈加坚定。

大将军邓骘听闻杨震的事迹，就举荐他出仕，此时杨震已经五十多岁了。他接连出任了荆州刺史和东莱太守。在去东莱郡赴任的途中，他经过昌邑，恰逢他之前推荐过的荆州茂才王密在昌邑担任县令。

晚上，王密去杨震的住所拜访他，二人交谈甚欢。临走之时，王密拿出十斤黄金送给杨震。杨震说：“我了解你，你却不了解我，这是为何？”王密说：“现在天色已晚，这件事不会有人知道的。”杨震听后愤怒地说：“天知道，神知道，你知道，我知道，怎么能说没有人知道呢！”王密听了杨震的话，感到非常惭愧，只好悻悻地离开了。

后来杨震转任涿郡太守，他为官公正廉洁，生活也十分清贫，子孙日日吃蔬菜粗粮，出门都是步行。有老朋友劝他为子孙置办一些产业，杨震拒绝道：“让后世之人称赞他们是清白官吏的子孙，这就是我的遗赠，难道不是很丰厚吗？”

36

卜式爱弟

西汉的时候，有个羊倌叫卜式，是一个重亲情、不爱财、忠肝义胆的好人。卜式的父母去世后，兄弟俩就分家了。作为哥哥的卜式不争不抢，把家中的大部分财产都让给弟弟，自己只要了一百多头羊，从此以耕种畜牧为生。

卜式非常勤俭，也很会养羊，十年之后，卜式养的羊已经繁殖了数千只，他又盖了新房子，成为当地很有名的富户，日子过得红红火火。可是弟弟与他的情况却截然相反，弟弟虽然起步很高，但因经营不善，家业破败，日子过得很凄惨。卜式见状于心不忍，又把自己的财产分给了弟弟一半，希望弟弟抓住机会，重新发家致富。

当时正逢汉朝与匈奴连年作战，百姓生活在水深火热之中，痛苦不堪，国家也因为战事耗费了大量的财力，国库空虚，爱国的卜式为此忧心忡忡。他上书给汉武帝，表示愿意为国家献出自己的一半财产，作为边防军费开支。

皇帝派使者前往问卜式："想当官吗？"卜式回答说："从小就以牧羊为生，不懂得当官之道，因此也不愿做官。"使者接着问："家里有没有什么怨恨的仇家，想讲出来的？"卜式听完，更是连忙解释："我生来与世无争。有人穷苦潦倒，我便借钱给他；为人作恶不善的，我便教导他从善。因此，我到哪里都很受欢迎，又何来什么冤家仇人呢？"使者见卜式既不想做官，也没有什么冤情仇恨，便不知所措地问道：“那你到底想要什么呢？”卜式说道：“我没有什么想要的。只有一样，皇上如若讨伐匈奴，我认为贤能的人应该为大节而死，有钱的人应该捐出钱财，这样的话匈奴就可以灭掉了。”

使者如实报告了朝廷，丞相公孙弘认为这不合人之常情，于是劝陛下不予准许，皇上也因此没有答应卜式的请求。卜式便回到了家中，继续牧羊去了。

一年以后，匈奴浑邪王等人投降，朝廷开支很大，国库空虚，卜式又拿出了许多钱财用来发给迁徙的贫民。因为这些义举，卜式成为大家学习的榜样。在他的带动下，不少富户都献出了钱财与粮食，资助朝廷府库。

37

孔子尽礼

孔子，名丘，字仲尼，春秋时期鲁国人，著名的思想家、政治家、教育家，儒家学派创始人。

相传，孔子年幼时就十分崇尚礼制，常在玩耍时将祭祀所用器物呈列出来，以此练习礼制规范。长大后，孔子听闻老子在政治上主张无为而治、不言之教，在权术上讲究物极必反之理，在修身方面讲究见素抱朴、不与人争，便前往周地，想向老子请教关于礼的问题。学习礼法之后，孔子更是在日常生活中严格要求自己，时时刻刻坚守做人做事的道理。后来，孔子在鲁国担任司寇（官名，掌管刑狱、纠察等），代理相国的职务。在鲁国这段时间，孔子更是以礼节侍奉君主，不出半点儿差错。每次进入周公庙，他处处小心敬慎，凡事都向人请教，以此在实践中不断充实自己关于礼的认识。

有一次，孔子参加了鲁国君主举行的祭礼，但是在分祭肉时，却没有分给孔子，孔子觉得自己尽礼却没有受到尊重，鲁国必是一个不懂礼的国家，不值得久留，便离开了鲁国。路过宋国时，孔子曾和弟子们在树下学习礼。

孔子平日闲居时外表温和又不失严肃，为人威武却又不过于刚猛，谦虚有礼又安静祥和，面容上常呈现中和之气。孔子遇到摆放得不正的席子，宁愿站着也不坐下；遇到分割得不方正的肉，宁愿饿着也不吃；在办丧事的人旁边吃饭，从来不吃饱；在这天哭过，就不再唱歌。他将美育思想和道德观念密切结合起来，使美成为德的一部分。与孔子相处过的人，都称赞孔子尽礼。

38

七步成诗

曹操的几个儿子中，他最中意的要数曹植。曹植才华横溢、出口成章，但无奈生性嗜酒且狂妄不羁，使曹操始终无法安心将王位传给他。次子曹丕自知才疏学浅，于是在曹操出征打仗时常常在旁痛哭流涕，以此表明对父亲的忠心。他还令曹操身边的人替自己说好话。长此以往，曹操最终决定将王位传给次子曹丕。

不久，曹操病逝。曹丕受禅称帝，是为魏文帝，定都洛阳，大赦天下。

然而权欲熏心的曹丕不念手足之情，继承王位后就想借机除掉曹植，于是就有了曹植泪洒当场、七步作诗的故事。

一日，曹丕以曹植醉酒忘记给父亲奔丧为由，召曹植进宫。他当着群臣的面，要求曹植在七步之内立刻作一首诗，以“兄弟”为题，却又不能提及“兄弟”二字。曹植自知大难临头，深感悲哀，手足兄弟竟然走到了这样的地步。他思索片刻，便赋诗一首：

煮豆持作羹，漉豉以为汁。
其在釜下然，豆在釜中泣。
本是同根生，相煎何太急？

曹丕听完自叹理亏，内心也渐生惭愧，便不再追究曹植的过失，只是免去曹植临淄侯爵位，将他贬为安乡侯。

曹植七步作诗拯救了自己的性命，“本是同根生，相煎何太急”，简单的两句话，却发人深省，也给后世留下了警世之言。

39

高山流水

伯牙，战国时楚国郢都人，在晋国任大夫一职。他特别善于弹琴作曲，琴技高超，被人尊为“琴仙”。据说听过他弹奏的人无不为之赞叹，就连动物听过也会为之动容。《荀子·劝学篇》里讲到的“伯牙鼓琴而六马仰秣”，就是一个最好的例证。

正逢八月十五，伯牙回家探亲，乘船来到汉阳江口的时候，面对徐徐清风，伯牙顿时起了兴致，便拿出琴在船舱里弹奏起来。曲子仿佛借助了清风，一曲一曲飞入云霄，伯牙也慢慢地沉醉其中。

这时突然听到岸边有人叫好，定睛一看，原来是一位头戴斗笠、身披蓑衣、手拿斧头的樵夫。樵夫不紧不慢地点评起来，说得头头是道，这让伯牙很是吃惊。于是伯牙决定让这位有缘人进入船中，想和他具体谈谈。果然，这位樵夫是位懂琴的高手，伯牙看到高山巍峨，琴声随即激越高昂，樵夫也立即说道：“弹得真好，是巍峨壮丽的山峰，好像泰山一般！”伯牙转而赞叹行船下的流水，琴声也跟着不紧不慢、委婉动人起来，樵夫也丝毫不慌，随即点评道：“仿佛奔腾而下的流水，水大流急呀！”

伯牙听完又惊又喜，连忙询问樵夫的姓名，樵夫告诉伯牙自己叫钟子期。两人彼此欣赏，相见恨晚，于是相约来年再来此地相会，谈论琴艺。

第二年，伯牙如期来到江边，然而等待了很久仍不见钟子期的踪影。

他四处询问，才知钟子期早已染病去世。伯牙痛心极了，剪断了弦，摔破了琴，痛哭道：“没有知音，弹琴又有谁来听呢？”自此，伯牙决定终身不再弹琴。

40

伯夷叔齐

伯夷、叔齐是孤竹君的两个儿子。伯夷是长子，叔齐是三子。孤竹君想让叔齐继位。但是孤竹君去世之后，叔齐却并不想继承君位，而是想让位给伯夷。伯夷说："这是父亲的命令，他想让你继承，还是你去做君主吧！"于是伯夷逃走了。叔齐还是不想继承君位，也跟着逃走了。无可奈何，国人决定让孤竹君的另外一个儿子继承君位。

伯夷、叔齐听闻西伯姬昌是大贤人，便欣然前往西岐。不巧的是，等他们到了西岐边境，西伯已经去世了。他们看到周武王并没有服丧，而是拉着木头做的父亲牌位，说要去讨伐商纣王。伯夷、叔齐便手挽其马，迫使它停了下来，对周武王说道："您的父亲去世了，却要去发动干戈，这怎么算是孝道呢？做臣子的却想要去杀害君主，这算是什么仁义？"左右随从见状想要擒住他们，被太公望拦下了。太公望称赞他们说："这是有情有义的人啊！"便让伯夷、叔齐安然无事地离开了。

后来，武王伐纣取得了胜利，天下归顺周朝，但是伯夷、叔齐却以之为耻，不愿意吃周朝的粮食。二人归隐在首阳山里，靠着采食薇菜生活。有一天，一位山野妇人对他们说："你们讲求道义，不吃周朝的食物，但是你们所吃的薇菜不也是周朝的吗？"伯夷、叔齐听到后，就开始连薇菜也不吃了，最后活活饿死了。

41

越巫

越巫自称自己擅长驱鬼。只要有人生病了，他就立一个坛场，吹号角，摇铜铃，一会儿大呼大叫，一会儿跳来跳去，说自己跳的是胡旋舞，可以驱除邪祟。如果病人有幸痊愈了，他就在人家大吃大喝一番，拿了钱物离开。如果病人不幸死了，他就推说是其他原因，绝不让人怀疑自己的法术都是骗人的。他经常向人夸耀自己："我擅长治鬼，鬼怪都不敢反抗我。"

有一个少年喜欢恶作剧，一直讨厌越巫的荒诞行为，于是决定戏弄他一下。

一日，这个少年约了五六个人躲在越巫回家路旁的树上，等到夜里越巫回家的时候，就用砂石投击他。越巫以为真的有鬼，马上拿出自己的号角，一边吹一边跑。他心里十分害怕，感觉脑袋越来越沉，走路时都感觉不到自己的脚在哪儿。他往前跑了一段路，惊慌的心才稍微安定了一些。谁知道，树林中砂石又像刚才一样纷纷而下，他又赶紧吹角，却慌乱得吹不出声音。他跑得越来越快，但是一直都有砂石不断向他飞来。他手抖如筛糠，气喘不定，都吹不动角了。号角掉了，他拿出铜铃摇晃，手一抖，铜铃也掉了。他只有大叫着向前跑。途中他听到别人的脚步声、树叶摇动声和山谷的回声，都觉得是鬼，他只好呼号着向人求救，声音十分悲惨。

到了半夜，他终于走到了家门口，大哭着敲门。妻子问他原因，他惊惧得舌头僵直，说话困难，指着床说：“快扶我上床！我遇到鬼了，今天就要死了！”妻子把他扶到床上，他胆破而死，皮肤颜色变得像蓝草一样。越巫到死都不知道吓死自己的其实根本不是鬼。

第三篇

立信为本，恒心如一

42

查道吃枣留钱

查道，字湛然，宋朝人。查道自幼年起便性格沉稳，不合群，很少玩闹嬉笑，但为人特别淳朴、善良。

一天，查道和仆人带着礼物前去看望远方的一位亲戚。路途遥远，行至中午时分，主仆两人又渴又饿，但是环顾四周也没有看见一家饭铺，这可让两人犯了愁。仆人灵机一动，向查道劝说道："主人，方圆几里也没望见饭铺，我俩又饿又累，何不从带的礼品中拿出一点儿东西来充充饥呢？"

查道非常坚决地拒绝了他，说道："我们既然决定给人家送东西，哪有自己偷拿偷吃的道理？这是万万不行的！"

仆人见查道如此坚决，便不好说什么，只好继续饿着肚子赶路了。

走了没多久，两人欣喜地发现前面是一片枣林，树上的枣子又大又红，已经熟透了。饥饿难耐的两人，这回彻底走不动了。查道吩咐仆人四下寻找枣林的主人，最后也没有找到，于是查道便让仆人摘些枣来充饥。

两人一顿饱餐之后，查道按照枣的价值，拿出一串钱来，将钱挂在枣树上，然后准备离开。一旁的仆人非常不解地问道："枣林的主人不在家，旁边也没有别人看见，为什么还要付钱呢？而且，将钱放在这里，路过的人拿走了岂不是浪费了？"

查道看了看仆人，严肃地说道："诚实是我们处事的根本，我们既然吃了别人的东西，当然要付相应的钱，又怎么能因为别人不在身边而放弃基本的道德呢？"

仆人听完惭愧地低下了头，继续跟着查道赶路了。

43

千里送鹅毛

唐朝贞观年间，国力强盛，四方使者常常前来朝拜，进贡珍品。西域的回纥国为了表示对唐朝的友好，派遣使者缅伯高护送一批奇珍异宝去往长安。在这批珍品中，最为珍贵的要数一只珍禽白天鹅。

使者缅伯高日夜兼程，小心翼翼护送着这批贡品，尤其是这只白天鹅，更是按时喂食、喂水，生怕它在路上生出什么意外。这天，缅伯高途经沔阳的一处湖泊，这里视野开阔，空气清新，在金丝笼中的白天鹅似乎也在感受这里的惬意，只见它伸长脖颈，张着嘴巴，大口地喘息着。缅伯高见状，打算让天鹅也呼吸一下新鲜空气，并在清水中给它洗个澡。他打开金丝笼，抱出天鹅，正准备往湖边去的时候，谁知手没抓稳，天鹅一下子挣脱了他的怀抱。他赶紧去抓，然而在慌乱之中，他只抓住了一根鹅毛，天鹅早已展翅向远处飞去。

丢失了贡品，缅伯高吓坏了，不知如何是好。在绝望中，他想：与其坐在这里进退失据，不如向唐王说明实情，或许可以得到他的谅解。于是他将天鹅遗落的那根羽毛收好，用红绸布包起来，继续往长安走去。

到了长安，缅伯高面见了唐太宗，他将贡品奉上，并且把红绸包裹也呈给唐太宗。太宗皇帝打开红绸包裹，不料里面只有一支羽毛，绸子上还有一首诗：

天鹅贡唐朝，山高路遥遥。

沔阳失珍宝，倒地哭嚎嚎。

上奏唐天子，可饶缅伯高。

礼轻情意重，千里送鹅毛。

唐太宗看罢，了解了来龙去脉，不但没有怪罪缅伯高，还重重赏赐了他。唐太宗说：“我大唐幅员辽阔，物资丰饶，你千里迢迢来到这里，虽然没有带来珍禽天鹅，只带来了它的一根羽毛，却带来了回纥与我交好的诚意。”

缅伯高虽然丢失了白天鹅，但最终不辱使命。唐太宗作为一朝君主，宽厚容人，礼待外邦。而“千里送鹅毛，礼轻情意重”的故事，也渐渐广为流传。

44

贾人渡河

汉代济阴郡有一个商人，他在乘船渡河的时候，船身突然破裂，不多时，船就沉了。商人只好趴在水中的一团浮草上，高声喊道：“救命，救命啊！”

这时有一个渔人撑着船赶过来救他。船还没到商人跟前的时候，商人连忙呼号：“我是济水岸边的大户，你要是救了我，我就给你百金作为酬谢！”渔人把他拉上船，送到岸边，但是商人只给了渔人十金。渔人说：“之前你许诺给我百金，现在却只给我十金，恐怕不合适吧！”商人勃然大怒道：“你就是一个打鱼的，一天才能挣多少钱？今天你一下子就得到了十金，难道还嫌少吗？”渔人无可奈何地离开了。

后来有一天，这个商人乘船渡吕梁河，顺流而下的时候，小船碰到了礁石，船翻了过来，商人又落在水中。恰巧之前那个救他一命的渔人又驾船经过。船上的人问渔人：“你为什么不去救他？”渔人说：“这就是那个许诺百金却没有兑现的人啊。”于是渔人站在船上看着，无论商人怎么呼喊都无济于事。不一会儿，商人就沉入水中不见了。

这则寓言说明，言而无信、出尔反尔的人，一定会吃亏。但从另一方面看，渔夫见死不救的行为也是不可取的。

45

赵氏孤儿

晋景公即位的第三年，大夫屠岸贾意欲诛灭赵氏。当年，赵盾还在世的时候，曾经做了一个梦：叔带（人名，赵氏祖先）抱着他的腰痛哭，非常悲伤。过了一会儿，叔带又笑了，还一边拍手一边唱歌。于是，赵盾卜了一卦，龟甲的裂纹先断了，后来又恢复完好。赵盾请史援来看卦象，史援说："这个梦非常凶险，它不是应验在你身上，而是应验在你的儿子赵朔身上，但是这也是你犯下的过失导致的。到了你的孙子一辈，赵氏将更加衰微。"

屠岸贾当初得到晋灵公的宠信，到晋景公时，他担任晋国司寇一职。他借灵公之死一事对赵盾发难，通告诸将说："灵公被害，赵盾虽然不知情，但他仍然是逆贼之首。赵盾一个弑君的臣子，他的子孙居然在朝为官，这说得过去吗？请诛杀他们。"韩厥为赵盾辩解说："当初灵公遇害时，赵盾不在朝中，我们的先君也认为赵盾没有罪，所以没有杀他。今日你们想要杀掉他的后代，这是违背先君的意志而胡作非为。胡乱杀人就是作乱。你们做臣子的要做这样的事情，却不让国君知道，这是目无君主。"然而屠岸贾不听。

韩厥只好告诉赵朔，让他赶紧逃亡。赵朔不肯，对韩厥说："您一定不能使赵氏绝后，这样我就死而无憾了。"韩厥答应了他的请求，自此之后便称病，闭门不出。屠岸贾没有向晋景公请命就擅自派人围攻了赵氏的住宅，杀死了赵朔、赵同、赵括、赵婴齐等人，赵氏满门被灭。

赵朔的妻子是晋成公的姐姐，这时已怀有身孕，她逃到了晋景公宫中藏匿。赵朔有一个门客，名叫公孙杵臼，他问赵朔的好友程婴："你为何未死？"程婴说："赵朔的妻子有一个遗腹子，如果生下来是个男孩，我将好好抚养他长大；如果是个女孩，我那时再死。"

过了不久，赵朔的妻子生下了一个男孩。屠岸贾得到消息，便到宫中寻找。夫人把孩子放在裤子里，祈祷道："若要赵氏灭绝，你就哭出声；若要赵氏存续，你就不要哭。"到了屠岸贾来搜查时，婴孩竟然一声不响。脱险后，程婴对公孙杵臼说："屠岸贾今天没有找到这个孩子，日后肯定还会继续寻找，那时应该怎么办呢？"

公孙杵臼说："抚养孤儿与殉节而死，二者谁更难一些？"程婴说："殉节而死容易，抚养孤儿更难。"公孙杵臼说："赵氏先君待你一直很宽厚，今日你且勉强去做难的事，殉节而死这种容易的事就让给我，我今日先死一步。"于是二人商量，找了别人家的孩子，裹上华丽的襁褓，让公孙杵臼带着躲藏到深山之中。

程婴出山后，对众将领说："我没用，不能抚养赵氏孤儿。谁能给我千金之数，我就告诉他赵氏孤儿的住处。"众将听了大喜，答应了他，并发师跟随程婴去围攻公孙杵臼。

兵士们到达公孙杵臼的住处，公孙杵臼假意大喊："程婴你这个小人！当初赵朔遇难时你苟且偷生，与我商量藏匿这个婴孩，今天你竟然出卖我！就算你不肯抚养这个婴孩长大，你怎么能忍心出卖他啊！"公孙杵臼抱着孩子大喊："天啊！天啊！赵氏孤儿有什么罪过？请让他活下来，只杀我公孙杵臼吧！"兵士们不答应，最终将公孙杵臼与婴孩一同杀死。众将士以为赵氏孤儿已经死了，大喜而归。

然而真正的赵氏孤儿还活着，取名为赵武，程婴带着他一起藏身于深山之中。

十五年过去了，晋景公患病，命人占了一卦。卦象说是创立基业的人的后代中有不如意者在作祟。景公便问韩厥此卦是什么意思，韩厥知道赵氏孤儿还活着，就故意说："您灭掉了赵氏宗族，举国上下的人都非常同情他们，所以龟策显灵了。希望君王慎重考虑这件事。"景公问："赵氏还有后代活着吗？"韩厥把实情告诉了景公。于是景公和韩厥商量重立赵氏孤儿，把他召回藏在宫中。

众将士进宫问询景公的病情，景公依靠韩厥手下的人威胁诸将，最终得以与赵氏孤儿见面。真相从此大白。

诸将无可奈何，只能推脱责任说："从前那场祸患，是屠岸贾一人所为，他假传君命，不然，我们谁敢这么做啊！如果不是国君您正在生病，我们就请求重立赵氏后代了。既然国君有令，这正是我们的心愿。"于是景公让赵武和程婴一一拜见诸将军，诸将与程婴、赵武一起诛杀屠岸贾。景公还把赵氏原有的土地分还给了赵武。

等到赵武二十岁的时候，程婴便辞别诸位大夫，对赵武说："当初赵氏遇害之时，大家都能殉节而死，我不是不能死，我只是想重立赵氏的后代。而今你已成人，恢复了爵位，我可以去告慰赵宣孟（即赵盾）和公孙杵臼了！"

赵武哭着向程婴磕头道："我愿意粉身碎骨报答您的恩情，您怎么忍心丢下我去死呢？"程婴说："不可以，他们认为我可以办成此事，所以先于我去死，如今我不去向他们报告，他们会以为我没有将事情办成。"于是程婴自杀了。

赵武为程婴守孝三年，每年春秋两季都按时祭祀，世世代代不曾中断。

46

唐雎不辱使命

秦王（即嬴政）派人对安陵君说："寡人打算用方圆五百里的土地换安陵，安陵君你可要答应寡人啊！"安陵君说："大王施与我恩惠，以大换小，实在是很好；然而我是从先王那里受封的土地，我愿意终身守卫它，不敢拿来交换啊！"秦王听了很不高兴。于是安陵君派遣使者唐雎出使秦国。

秦王见到了唐雎，对他说："寡人用五百里的土地交换安陵，安陵君却不同意，这是为什么呢？况且秦国已经灭掉了韩国、魏国，而安陵却以方圆五十里的土地幸存下来，这是因为我把安陵君当作忠厚的长者，所以没有打他的主意。今天，我打算用十倍于安陵的土地，替安陵扩大疆土，安陵君却不领情，是轻视寡人吗？"唐雎回答说："不是您说的这样。安陵君从先王那里受封的土地，发誓要终身守护它，即使是方圆千里的土地也不敢交换，更何况区区五百里的土地呢？"

秦王听了勃然大怒，对唐雎说："你听说过天子之怒吗？"唐雎回答说："臣从未听说过。"秦王说："天子之怒，会让数百万人伏尸荒野，血流千里。"唐雎从容地反问道："那么大王您听说过布衣之怒吗？"秦王不以为然："布衣之怒，无非是摘掉帽子，脱掉鞋履，把头往地上撞罢了。"唐雎说："您说的这只是庸人发怒，不是真正的布衣之怒。当初，专诸刺杀吴王僚时，彗星之尾扫月；聂政刺杀韩傀时，一道白光冲过太阳；要离刺杀庆忌时，苍鹰扑到宫殿上。这三个人，都是布衣之士，心中的愤怒还没有发作，上天就降下了征兆，现在加上我，就是四个人了。如果我发怒，倒下的就是两具尸体，血流五步之远，然而天下百姓都要穿起孝服来。今天就是这样！”

秦王吓得变了脸色，直起身子向唐雎道歉道：“先生请坐，何至于此！寡人明白了，韩国、魏国灭亡，而安陵却能以方圆五十里的土地幸存下来，是因为有先生您啊！”

47

干将莫邪

春秋时期，楚国有一对夫妻，丈夫名叫干将，妻子名叫莫邪。夫妻二人都是铸剑的名匠，他们所铸的宝剑锐利无比，在当时声名远播。楚王于是让夫妻二人为他铸造一把举世无双的宝剑。

夫妻二人广寻天下最好的材料，琢磨出锻造无双利刃的方法，最终用了三年才将剑铸成。楚王想要在得到宝剑之后，将铸剑师杀了。干将、莫邪所铸的宝剑分为雄剑和雌剑两把，他们也知道为楚王铸剑之后必然凶多吉少，于是隐瞒了剑有雌雄之分的事情。

莫邪当时怀有身孕，已经快要生产了，干将对她说："我们为楚王铸剑，三年才成功。大王生气，肯定会杀我。如果你此次生了男子，等到他长大了，就告诉他，'走到家门口望向南山的方向，有一棵青松长在石背之上，剑就藏在松树之后'。"

干将带着雌剑去见楚王。楚王得到剑之后，果然将干将处死。

莫邪的孩子名叫赤，等他长大了，他问母亲："我的父亲在哪里？"母亲说："你的父亲为楚王铸剑，三年才成功。楚王大怒，将他处死了。他临走时嘱咐我告诉你，出门往南山的方向，石上有一棵青松，剑就在树后。"赤走出家门向南望去，却没有看到山，但是堂前有一棵松树在石砥之上。赤用斧子劈开了树，果然得到了一把宝剑。他日日夜夜都想为父亲报仇。

楚王梦到一个孩子，他相貌奇特，眉间有一尺长，对楚王说要找他报仇。楚王吓出一身冷汗，于是到处广贴告示，悬赏千金寻找这个人。赤听说以后，只得到处逃亡。

在深山中，赤一边走一边号啕大哭，这时候在路上遇到了一个侠客。这人问道：“孩子，你年纪尚小，有什么事值得你伤心至此呢？”

赤看此人不像是坏人，就对他说：“我是干将、莫邪之子。楚王杀了我的父亲，我想要报仇。”

侠客对他说：“我听说楚王千金悬赏你的头颅。如果你信任我，就把你的头颅和剑给我，我替你报仇。”

赤说：“能得到您的帮助，我太幸运了！”于是当即自刎，双手捧着自己的头颅和剑，站在那里僵硬不动。侠客说：“我必定不辜负你。”于是赤的尸体才倒下。

侠客拿着赤的头颅去见楚王。楚王大喜。侠客说：“这是一位勇士的头颅，必须用热水烹煮。”楚王听了他的话，就拿热水去煮赤的头颅，煮了三天三夜，头颅依旧没有被煮烂。侠客对楚王说：“这个人的头煮不烂，希望大王您亲自去看，就能煮烂了。”

于是楚王亲自去锅炉边看，他刚一伸脖子，侠客就拿出剑砍掉了他的头颅，正好掉入汤锅中。完成了赤的嘱托后，侠客也自刎而死。

48

冯谖焚券市义

战国时，养士之风盛行。当时齐国有一个名叫冯谖的人，他贫困潦倒，连自己都不能养活，于是他嘱托别人告诉孟尝君，想投到他门下做一个食客。孟尝君就问："这人有什么爱好吗？"来人说："此人没有什么爱好。"又问："这人有什么专长吗？"回答说："此人没有什么专长。"孟尝君笑了，答应让此人做他的食客。

孟尝君手下的人以为孟尝君看不起冯谖，便只给他吃一些粗劣的食物。冯谖在孟尝君门下住了一段时间，一天，他靠着柱子，用手弹着剑，唱道："长剑啊，回去吧，餐中无鱼！"手下的人告诉了孟尝君。孟尝君说："给他的饭菜应像其他门客一样。"

又住了一段时间，冯谖又弹着他的剑唱道："长剑啊，回去吧，出门没有车！"手下的人都笑了，又把这件事告诉了孟尝君。孟尝君说："给他驾车，和门下有车的宾客一样。"于是冯谖坐着车，举着剑，到处寻访旧友，逢人便说："孟尝君把我当作门客！"

又过了一段时间，他又唱道："长剑啊，回去吧，无以为家！"孟尝君左右的人都很讨厌他，认为其人贪得无厌。孟尝君问："冯谖先生有亲人吗？"属下回答说："他有一个老母亲。"孟尝君便派人送去吃的用的，不让冯谖的母亲缺少用度。自此，冯谖再也没有唱歌了。

有一天，孟尝君出了一个告示，问门下的宾客：“谁能为我去薛邑收债？”冯谖在告示上写下了自己的名字。孟尝君问：“这个人是谁？”左右之人回答道：“这就是那个唱‘长剑啊，回去吧’的人。”孟尝君笑道：“此人果然是有才能的人，是我对不住他，至今还没有见过面。”

孟尝君派人请来冯谖，对他说：“我平日琐事缠身，心忧力倦，自己又性格怯懦愚钝，埋头于国家事务，得罪了先生。先生不怪罪于我，果真愿意为我去薛邑收债吗？”冯谖说：“愿意去。”于是他整理好行装，备好车辆，带上债券契约出发了。告辞之时，他问孟尝君：“债务收回以后，您需要买些什么回来呢？”孟尝君说：“看我家中缺少些什么，您就买一些回来吧。”

冯谖到了薛邑，让当地的官吏召集欠债的百姓来核对债券。债券全部核对完成后，冯谖站起来，说自己受了孟尝君的命令，将用债券作为对民众的赏赐。之后他一把火烧掉了债券，所有的债务一笔勾销，民众大喜不已，高声欢呼。

冯谖一路驱车赶回齐国，一早就去求见孟尝君。孟尝君好奇冯谖为何如此着急，于是穿好衣裳接待他，问：“债务都收完了吗？先生为何如此着急呢？”冯谖说：“全部收完了。”“那您买回什么了？”冯谖说：“您曾经说，看家中缺少什么就买什么，我私下考虑，您府中珍宝无数，狗马满圈，阶下站满美人。您家中最缺少的是‘义’。所以我自己决定为您买回了‘义’。”孟尝君问：“您是如何买回‘义’的呢？”冯谖回答：“您拥有小小的薛邑，却不爱戴子民，还要在他们身上加以高利，百姓都苦不堪言。我就假托您的命令，把债券焚烧，免除了百姓的债务。百姓都高呼您的恩德，这就是我为您买回来的‘义’。”孟尝君听了，感到很不高兴，说：“我知道了。先生不要再这样做了。”

过了一年多，齐湣王对孟尝君说：“寡人不敢用先王之臣做臣子啊！”

孟尝君明白国君的意思，便离开齐国来到了薛邑。离薛邑还有百里之遥的时候，当地民众扶老携幼，夹道欢迎孟尝君。孟尝君对冯谖说：“先生为我买的‘义’，我今日见到了！”

49

徙木立信

卫鞅即商鞅，姬姓，公孙氏，卫国人，战国时期著名的政治家、改革家、思想家、军事家。

卫鞅辅佐秦孝公，积极实行变法。在推行变法时，卫鞅担心百姓不相信自己，导致条令难以施行，于是命人在都城南门前放置一根三丈高的木头。仆人站在平日讲读文告的石墩上高声喊道："奉左庶长卫鞅大人命令，谁能将这根木头扛到北门，赏十金！"百姓看到后跃跃欲试，民众越聚越多，议论纷纷，但是又担心承诺不能兑现，所以吵了半晌还是没有一个人上前扛那根木头。

正在此时，卫鞅乘坐一辆牛车驶到木栅栏外，他跳下牛车，高声道："谁能搬动这根木头并扛到北门，赏金增加到三十金，即刻领赏，绝不食言！"人群中一阵嘈杂的议论声，眼见议论纷纷，却无人上前，卫鞅又高声道："秦国民众、列国客商们，以往官府号令多有反复，国人不相信官府，所以秦国的事情办不好。从今日开始，官府说话一定算数，决不更改！为表官府诚意，今日徙木立信，谁将这根木头搬到北门，即刻赏五十金！"

随着赏金的不断增多，人群开始骚动起来，一个布衣少年决定试试。他走到粗壮的木头前，一把扛起来并稳稳地走到了北门。卫鞅立即拿出五十金交给了少年。

人们眼见少年拿到了赏金，认为卫鞅说话值得信任，便开始拥护卫鞅变法。这便是著名的“商鞅变法”。在商鞅的努力之下，秦国上下同心，逐渐富裕、强大起来。

50

一诺千金

楚汉相争之时，项羽手下有一员大将，名叫季布。他为人个性耿直，很讲信用，只要答应别人的事情，无论多么困难，都一定会做到。季布在项羽麾下的时候，屡立战功，曾经几次打败刘邦的军队。因此刘邦对此人印象深刻，恨之入骨。

后来，刘邦战胜了项羽，建立了汉朝。刘邦当上皇帝以后，下令全国通缉季布，以报当时兵败之仇。季布不得不到处逃亡。所幸，季布信誉比较好，一路上有不少仰慕季布为人的人向他伸出援手，使他得以逃过一劫。

不久，季布乔装到山东一户朱姓人家去做佣工。朱家人虽然已经认出了季布，但是依旧不避危险收留了他。后来，朱家人还特地去洛阳请求汝阴侯夏侯婴向刘邦说情。在夏侯婴的劝说下，刘邦终于决定下令取消通缉季布，不仅如此，他还封季布做了官。

季布有一个叫曹邱生的同乡，此人好结交权贵，爱慕虚荣，所以季布向来看不起他。曹邱生听说季布做了官，立刻赶来见季布。季布原本打算寒暄两句就将此人打发走，谁知道不论季布脸色多阴沉，语气多不善，曹邱生面不改色心不跳，依旧笑脸相迎，与季布套近乎。他还吹捧道："我听说楚地流传着这样一句话，'得黄金千两，不如得季布一诺'。我们是同乡，我又能到处宣扬你的好名声，你为什么不愿意见我呢？"季布听了曹邱生的话，觉得不无道理，便留他住了几个月，还送了他一些礼物。曹邱生也如他自己所说，替季布宣扬他的名声，于是季布“一诺千金”的美名就流传得更广了。

51

曾子杀猪

一天早晨，曾子的妻子准备去集市上买些东西。儿子也起了个大早，看见母亲要出去，就哭着闹着要跟母亲一起去。集市离家很远，带着孩子很不方便，于是她就对儿子说："你先回家去，晚上我回来杀猪，给你做好吃的。"儿子听到这话以后，不哭也不闹了，乖乖地目送母亲离开。

到了傍晚，曾子的妻子从集市上回来，刚进家门，就看见曾子正在院子里捉猪。妻子问道："你抓猪干什么？"曾子说："杀猪给孩子做吃的。"妻子赶忙说："家里养的这几只猪都是预备过年时杀的。早晨我就是哄孩子几句，你怎么能当真呢？"曾子说："小孩子是不能同他开玩笑的。小孩子年幼无知，需要父母来引导学习，听取父母的教诲。如今你欺骗他就是在教他学会欺骗。做母亲的欺骗孩子，孩子就不会信任自己的母亲，这不是教育好孩子的办法。"

妻子听了曾子的话，觉得很有道理，于是夫妻二人一起抓猪、宰猪，给孩子做了一顿美味的晚餐。

52

荀巨伯信义退兵

东汉时，有一个名叫荀巨伯的人。他从很远的地方赶来探望生病的朋友，此时胡人正在攻打这个地方。城中的人走的走，逃的逃，拖家带口地离开这个危险之地。朋友担心荀巨伯的安危，对他说：“我快要死了，你还是离开吧。”荀巨伯说：“我从很远的地方来看望你，你却让我离开，这是让我败坏信义苟且偷生，这难道是我荀巨伯会做的事吗？”

胡人的兵已经到城下，他们的首领对荀巨伯说：“大军已至，这里已成为一座空城，你到底是什么人，为什么独自留在这里？”荀巨伯说：“我的朋友生病了，我不忍抛下他，现在我宁愿用我的性命交换我朋友的性命。”

胡兵听了荀巨伯这番话，都很受触动，他们互相说道：“我们这些不讲道义的人，今日却到了这等有道义的国家！”于是胡兵班师退还，这座城也因此得以保全。

53

孟信追牛

孟信，字修仁，南北朝时人。他家境贫寒，但是颇擅长向他人传授学业。他常常对人说：“穷则变，变则通。我们家世代传承儒学，然而至今没有出过显官，看来儒学并非治世之理。”于是激愤之下，他投笔从戎。

他跟随孝武帝入关后，在赵平担任太守。山中有一位老人，登门拜访孟信，并送给他一些猪肉和酒，孟信和颜悦色地招待了他。孟信从自己家中拿出酒用容器热了，又在桌子上用木盘盛了一些腌菜，仅此而已。孟信将酒递给老人，自己只拿一个杯子，两人互相斟酌起来。孟信对老人说：“自从我上任以来，还没有人送过我任何一件东西，只有您送我这些东西。我们吃素菜已经很久了，现在想从您那里接受一只猪腿。酒我自己有，就不要您破费了。”老人听了很高兴，于是又拜了一拜，把猪肉切开送给孟信。两人喝完酒之后才互相道别。

后来孟信离开任上，家中贫寒，就只剩下一头老牛。一天，他侄子自作主张把牛卖了，打算用卖牛的钱换粮食吃。券契已经订立了，按照当时的法规，买主应该知道牛主人的住所。孟信恰巧刚从外面回来，看见买牛人牵着自家的老牛，这才知道牛已经被侄子卖掉了。于是孟信对买主说：“这头牛原来就有病，只要稍稍驱使就会发作，这种病牛您还是不要买了。”买牛的人诧异良久，对孟信说：“孟先生，您只要把牛卖给我，我并不需要牛来耕地。”孟信不答应。买牛人再三请求，孟信坚决不卖，只好作罢。

这个买牛的人，是周文帝麾下之人，他将此事告知周文帝，周文帝听说后，也为孟信的诚实所感动。

54

晋灵公不君

晋灵公不行君王之道，通过横征暴敛来满足自己奢侈的欲望。他从高台上拿弹弓射人，观看他们躲避弹丸的样子取乐。厨师没有把熊掌炖烂，他就把人杀了装进筐子里，还让宫女抬着经过朝堂。赵盾、士季看见筐子里露出死人的手，便向人询问他被杀的原因。得知事情原委，他们深深为晋灵公的暴虐无道感到担忧。于是他们商议向晋灵公进谏。士季说："如果您去进谏而国君不听，那就没有人能继续进谏了。请让我先去，他若不接受，您再接着进谏。"

士季去见晋灵公的时候，伏地行礼三次，但是晋灵公都假装没看见他。一直到了屋檐底下，晋灵公才终于抬头看他，说："我已经知道自己的过错了，我会改。"士季便叩首回答说："谁能不犯错呢？犯了错误知道改正，这就是最大的善了。《诗》里说，'靡不有初，鲜克有终（凡事有个好开端不难，但很少能有好的结果）'。如果这样，那么能弥补过错的人就太少了。您如果能善始善终，那么不只臣子们有了依靠，江山社稷也稳固了。《诗》里还说，'衮职有阙，惟仲山甫补之（天子的职责有了缺失，只有仲山甫能弥补）'。这是说周宣王能够补救过失。您若能补过，那么就不会失去君位。"

然而晋灵公只是说说而已，依旧没有改正。赵盾多次劝谏，反而使晋灵公感到厌烦。于是晋灵公派鉏麑暗杀赵盾。

早晨，鉏麑来到赵盾家，只见卧室的门开着，赵盾已经穿戴整齐，坐着闭目养神。鉏麑退了出来，感叹地说："时刻不忘记恭敬，这样的人是百姓的靠山啊。我刺杀百姓的靠山，是为不忠；背叛君主的命令，是为不信。忠、信当中违背哪一样都不如去死。"于是鉏麑撞树而死。

九月，晋灵公请赵盾喝酒，并在暗中埋伏了士兵准备杀掉他。赵盾的车夫提弥明发现了伏兵，他快步走到堂上，说："臣下陪君王饮酒，过三巡还不告退，就是不合礼仪了。"于是他扶着赵盾退出。晋灵公唤来猛犬，准备咬死赵盾。提弥明与猛犬殊死搏斗，最终杀死了猛犬。赵盾说："不用人而用狗，即使凶猛，又有什么用！"他们与埋伏的士兵边战边退，提弥明为赵盾战死了。

当初，赵盾在首阳山打猎，住在翳桑。他在路上遇到一个叫灵辄的人饿倒在路上，便问他原因。灵辄说："我已经三天没吃东西了。"赵盾给他东西吃，他吃了一半，还留下一半。赵盾问他为什么，他说："我在外做奴仆已经三年多了，不知道家中母亲是否还健在，现在我离家很近，请让我把东西留给我的母亲。"赵盾让灵辄把食物都吃完，又准备了一筐子素食和一些肉，放在袋子里给他。后来灵辄做了晋灵公的卫兵，在刺杀赵盾的事件中，灵辄倒戟相向，使得赵盾幸免于难。赵盾问灵辄为什么救他，灵辄说："我就是翳桑那个快要饿死的人。"赵盾又问他的姓名和住处，灵辄没有回答就离开了。于是赵盾自己逃亡了。

秋九月，赵穿在桃园杀掉了晋灵公。赵盾还没有走出晋国的山界，便听说了晋灵公被杀的消息。于是他又回到了晋国。晋国的史官董狐记载："赵盾弑杀了他的国君。"还把这个说法公布在朝廷上。赵盾说："我没有弑杀国君。"董狐说："你身为正卿，逃亡没有越过国境，回国后又不讨伐反贼，国君不是你杀的又是谁呢？"赵盾说："呜呼！《诗》中说，'我之怀矣，自诒伊戚（由于我思念祖国，反而给自己招来了祸患）'，说的就是我啊！”

孔子说：“董狐是古代的好史官，记载史实直言不讳。赵盾是古代的好大夫，因为史官的据实而书背负了弑君的罪名。可惜啊，如果他当初越过了国境，就不会蒙上弑君之名了。”

55

薛包分产

汉朝有这样一位生性淡然的人，叫薛包。他少年丧母后，父亲又娶了后母。自从后母来到家中，他的日子变得一天不如一天，他经常食不饱，穿不暖，不仅这样，后母还屡次把他赶出家门。薛包并未因此怀恨后母，还觉得自己也许有什么不好的地方需要改正，便在家附近找了个地方住了下来，每天早上和晚上，薛包都如期来到父母的面前请安问好。父亲虽然受到后母的阻拦，但毕竟是自己的孩子，况且薛包又如此懂事，于是父亲执意把薛包带回家来，一家人同住了。

后来，薛包的父母都去世了，薛包伤心欲绝，更加觉得世界上的东西本就虚无缥缈，何必事事都要去争去抢，万物本来就有它们自己运行的轨迹。于是，当薛包的弟弟与侄儿们都要求分家时，薛包看劝不住他们，就根据他们的意愿分割了家中的财产。他情愿自己吃亏，把老的仆人留给自己，把年轻力壮的仆人送给了弟弟与侄儿们，还说："我不舍得这些与我共事多年的老伙伴，他们与我认识多年，你们怕是吩咐不动，也不懂得彼此的脾性，便将那些青年人留给你们吧。"薛包又把荒芜的田地、破旧的房屋分给了自己，就连日用器具也主动收拾起破旧的那部分，为了维持家人之间的情义，薛包又以轻松的口吻解释道："你们莫要笑话我，这些东西都是我从小就用的，对于你们来说无足轻重，但是分给了我，就是对我最大的照顾与安慰。”讲完这些话，薛包便心满意足地离开了。

薛包从不以吃亏为不幸，也不因不幸而悲伤。后来，薛包的事迹传到了汉武帝的耳中，汉武帝欣赏薛包的为人处世，便下诏请他入宫做官，却被薛包拒绝了。后来，薛包一个人终老于乡里。

56

宁为玉碎，不为瓦全

高洋，字子进，南北朝东魏宰相高欢次子。孝静帝武定七年（549），长兄高澄遇刺身亡，高洋趁机执掌朝政，被魏帝封为丞相、齐王。武定八年（550），觊觎帝位的高洋一到邺城，就派司空潘乐、侍中张亮、黄门侍郎赵彦深等人去见孝静帝，要挟孝静帝禅位给自己。孝静帝含泪在早已拟好的禅位制书上印了章，被迫交出帝位。高洋遂登基称帝，年号天保，国号齐。

高洋心狠手辣，为了不留后患，后来又把孝静帝和他的三个儿子都杀死了。可是这些并不能从根本上安抚高洋，他总觉得地位不稳，并时常为此心绪不宁。

天空中出现了日食，高洋认为这是个不祥的兆头，便问自己的亲信："以前王莽夺取了汉朝的天下，后来汉光武帝为什么又能把天下夺回去呢？"亲信回答说："这是因为当时没有把刘姓的人斩草除根。"高洋听信他的话，觉得自己虽然取代魏建立了齐，但东魏的元氏宗族仍然大量存在，对自身掌权实在是一个巨大的隐患。于是高洋决定一不做二不休，把东魏的宗室近亲全部杀掉，甚至连襁褓里的婴孩也不放过。

高洋的残忍无道使东魏宗室的远房宗族感到很害怕，"城门失火，殃及池鱼"，他们担心高洋下一个目标就是自己，便聚在一起商量求生对策。

其中一个叫元景安的县令提出对策：高洋只是想要把元氏一族赶尽杀绝，只要改姓高，不再姓元，说不定便可免于一死。他的堂兄元景皓听后气愤不已，断然拒绝了这种建议，说道：“怎么能用抛弃本宗、投靠他姓的办法来保命呢？大丈夫宁可作为玉器被打碎，也不愿作为陶器得以保全！我宁死也不改姓。”建议改姓的元景安听后沉默不已。

后来，元景皓因元景安的告密而被处死。元景皓因不易姓而被杀，表现出对自己人格尊严的坚决维护，宁愿站着死，不愿跪着生，这种气节一直被后世称赞。

57

聂政养母

聂政是战国时期韩国的一名侠客，武功盖世，以侠义著称当世。

聂政因专门替他人除强除害结怨无数，故而带着母亲和姐姐在齐国躲避灾祸。当时，大夫严仲子与韩国国相韩傀结仇，为了躲避韩傀的迫害，严仲子潜逃到濮阳。

严仲子听闻聂政的侠名，便多次登门拜访，奉上黄金珠宝，想要求他为自己报仇。聂政坚决不接受严仲子的钱财，并说：“您的好意我心领了，然而我还有母亲与姐姐要照顾，不能为您做这件事。”遭到聂政拒绝后，严仲子便恳切地向聂政说明了原委，希望能够得到聂政的理解。为了抓住这难得的机会，严仲子开始照顾聂政一家的饮食起居，并在其母去世后以礼厚葬，以此感化聂政。服丧期满后，聂政深感严仲子的恩德，便答应了他的请求。

聂政独自一人手持利剑闯入了韩都，成功刺杀了韩傀和相府几十名的卫士，终因寡不敌众，逃脱无望。聂政害怕连累别人，便刺毁自己的面容，剜出双眼，最后剖腹自杀。

韩国人将聂政尸体摆放在街市，悬赏千金让人认尸。聂政的姐姐听闻消息，前往韩国，认出了聂政的尸体，因悲痛过度，猝死在聂政的尸身前。人们听到这个消息，不仅赞叹聂政侠义，也感慨他的姐姐是一位烈性女子。

第四篇

为政以仁，
举贤授能

58

周公吐哺

周武王去世的时候，他的儿子周成王尚在襁褓之中。周公姬旦害怕天下人听说武王驾崩而产生反叛之心，于是他代替年幼的成王暂时理政。管叔和他的几个弟兄便在国中散布流言，说周公想要对成王不利。

周公于是对太公望、召公奭说："我之所以不避忌身份，替成王处理朝政，是怕天下人背叛周氏，这样我如何向先王太王、王季、文王交代？三位先王为了天下社稷，劳心劳力，才有了今天的局面。无奈武王早逝，他的孩子成王又实在年幼，我只是为了成全周朝王室的基业才代理朝政。"

周公为了辅佐成王，让他自己的儿子伯禽代替自己去鲁国受封。临行之际，他告诫儿子伯禽说："你去鲁国以后，不要因为受封了就怠慢、轻视人才。我是文王的儿子、武王的弟弟、当今成王的叔叔，现在又辅佐当朝天子。我于天下来说，地位也不算低了。然而我为了迎接贤士，洗一次头，需要多次握起头发；吃一顿饭的工夫，需要多次吐出正在咀嚼的食物。即便这样，我还唯恐错过天下的贤德之人。我听说，德行宽裕而能保持恭敬，必然荣盛；土地广阔，物产丰饶，而又厉行节约，可保安全；地位尊崇，却保持谦卑的态度，必会更加高贵；人口众多，兵力强盛，却时刻保持警惕戒备，必然得胜；聪明睿智，却保持虚心，那么知识会越来越多；博闻强识却又不自视过高，必然见多识广。以上六条，都是谨慎谦虚的美德。

天子之所以拥有天下的财富，便是因为拥有这些美德。因为自身不谦虚，丢掉天下人心，进而导致自己身死的人，就如同桀、纣二君。听完这些，你难道还可以不谨慎对待吗？”

59

三顾茅庐

东汉末年，天下纷争四起。这一时期，曹魏、孙吴、蜀汉三个政权互相牵制，形成三足鼎立的态势。当时，曹操挟天子而令诸侯，控制住了北方的政局；孙权控制扬州、荆州、交州等地区；刘备的势力范围在益州一带，实力相对弱小。

刘备身边的谋士徐庶，因母亲被曹操虏获，不得已进入曹营。临行时，徐庶向刘备推荐了隐居隆中的诸葛亮，并且告诉刘备这个人需要他亲自去请。

于是，刘备和关羽、张飞以及几个随从来到隆中。远远望去，山间有一些人正在劳作，一阵歌声传来："苍天如圆盖，陆地似棋局；世人黑白分，往来争荣辱；荣者自安安，辱者定碌碌。——南阳有隐居，高眠卧不足！"刘备唤来一个农夫问道："这是谁作的歌？"农人回答说："是卧龙先生。"刘备又问："卧龙先生住在什么地方？"农夫将详细的地址告诉了他。刘备立刻带人策马前行，终于来到了卧龙冈。

刘备来到庄前，下马亲叩柴门，有一个小童出来迎接。刘备说："汉左将军、宜城亭侯、领豫州牧、皇叔刘备，特来拜见先生。"小童说："我不记得这么多名字。"刘备说："你就说刘备来访。"小童说："先生今天早晨就已经出门了。"刘备问："那先生什么时候回来呢？"小童说："回来的时间说不定，有可能三五天，有可能十来天。”刘备惆怅不已。张飞说：“既然见不到，我们就回去吧。”刘备想再等等。关羽说：“不如回去，再派人来打听。”于是刘备嘱咐小童：“先生若是回来，就告诉他刘备前来拜访。”

三人回到新野，过了好多天，刘备再次派人打听孔明的消息。使者回报说诸葛亮已经回来了。

刘备立刻备马准备前往隆中。张飞说：“他就是一个村夫，哥哥何必亲自去呢，让人唤他来就是了。”刘备呵斥他道：“你难道不知道孟子曾说过，‘想要求见贤人却没有采用正确的方法，就好像想让人进来却又把门关上一样’。孔明先生是当世大贤，怎么能随便召来呢？”

于是他立刻上马奔往孔明的住所，关羽、张飞立马跟上。当时正是隆冬时节，他们走了数里路，天上渐渐飘起了大雪。张飞建议他们回新野避风雪，刘备说：“我正打算让孔明先生知道我的殷勤之意，如果你们怕冷，就自己先回去。”张飞便不再多言。

三人到茅庐附近时，忽然听见路边酒肆里有二人在对歌。刘备问道：“卧龙先生住在这里吗？”于是下马入店。其中长须的人问他：“你是何人，找卧龙先生何事？”刘备便自报家门：“鄙人刘备，想要拜访卧龙先生，寻求济世安民之道。”长须者说：“我们都是卧龙先生的朋友，我是颍川石广元，这一位是汝南孟公威。”刘备大喜道：“我久闻二位的大名，今日有幸遇见。敢请二位与我一同去卧龙先生居所。”石广元说：“我们都是山野慵懒之辈，不关心治国安民的大事，你还是自己去吧。”于是刘备便向二人告辞了。

到了卧龙冈，刘备叩门问童子：“先生今天在家吗？”童子说：“先生在堂上读书。”刘备大喜，赶忙随童子进入。到了中门，只见门上有一对联：“淡泊以明志，宁静以致远。”刘备正看的时候，听到屋内传来一阵吟咏之声，只见草堂之上，坐着一位少年。

刘备等他唱完，便上前施礼道：“我仰慕先生许久，无缘拜会。今日终于有幸得见！”那少年慌忙答礼道：“我是卧龙先生的弟弟诸葛均。我家有兄弟三人，长兄诸葛瑾，现在是江东孙仲谋的幕宾；孔明是我的二哥。”刘备问：“卧龙先生今天在家吗？”诸葛均说：“昨天崔州平相约，外出闲游去了。”刘备又问：“到哪里闲游了？”诸葛均说：“或在江湖泛舟，或在山岭访僧问道，或在村落寻朋觅友，或在洞府中弹琴下棋，往来莫测，不知去向。”刘备说：“我真是缘分太浅，两遭了还是没有遇上卧龙先生！”张飞劝刘备早回，被刘备呵止。刘备于是借来纸笔，留书一封，交给诸葛均，准备告辞。

刘备等人正准备骑马离开，忽然看见童子向篱笆外招手，喊道：“老先生来了！”刘备看见一人戴着暖帽，披着狐裘，骑着一驴，后头跟着一个青衣小童，拿着一葫芦酒，踏雪而来。刘备听到歌声，以为是孔明回来了，立刻下马上前施礼道：“先生冒寒不易，刘备等候您许久了！”诸葛均忙说：“这不是家兄卧龙，是兄长的岳父黄承彦。”刘备略感失望，只得寒暄几句，辞别了黄承彦。

刘备回到新野之后，光阴荏苒，春天来了。于是他令卜者择定吉日，斋戒三日，沐浴更衣，再次前往卧龙冈拜谒孔明。关羽、张飞听说之后都感到不太高兴，于是他二人一起劝阻刘备。

关羽说：“兄长亲自去拜谒两次，礼数未免太过了。也许诸葛亮只是徒有虚名，所以才避而不见，兄长不要被这人迷惑了！”刘备说：“不是这样，当初齐桓公想要拜谒东郭野人，五次拜访才最终得见一面。更何况我今天要去求见大贤呢？”

张飞说：“这样的山野村夫，怎么能称为大贤！今天哥哥不用去了，他要是不来，我就用麻绳把他捆来！”刘备呵斥他道：“你难道没有听说过周文王拜谒姜子牙的故事吗？文王尚且如此尊重贤才，你怎么这般无礼？今日你不用去了，我与云长同去。”张飞听罢不肯，刘备于是再三嘱咐他不可失礼。

三人带上随从，骑马去往隆中。离草庐半里左右，刘备便下马步行，正巧遇上了诸葛均。刘备赶忙施礼问道：“令兄是否在家？”诸葛均答道：“昨晚才归来，将军今日可与他相见。”说完，便飘然离开。

刘备感叹道：“今日总算有幸可以见到先生了！”张飞说：“这人好无礼！就把我们引到家门口又何妨，怎么就自己离开了！”刘备说：“各人有各人的事，怎可勉强。”

三人来到庄前，童子开门相迎。刘备说：“有劳仙童转报：刘备今日专门来拜见先生。”童子说：“今日先生虽然在家，但还在草堂上睡觉没有醒。”刘备说：“既然如此，就暂且不通报。”他吩咐关、张二人在门口等着，自己进到草堂中，看见诸葛亮仰卧在堂中的草席之上。刘备在阶下拱手站立。

过了半晌，诸葛亮还没醒。关、张二人在门外站了很久不见动静，于是进到屋内，发现刘备仍然站在一边。张飞大怒，对关羽说：“这先生怎么如此傲慢，见我兄长在阶下侍立，他竟然还躺着不起！等我到屋后放一把火，看他起不起！”关羽再三劝住。刘备望向堂上，只见诸葛亮翻了个身，好像要起来，结果他又翻身向里继续睡了。童子打算通报，刘备说：“不要惊动先生。”又站了一个时辰，诸葛亮才醒来，他吟诗道：

大梦谁先觉？平生我自知。

草堂春睡足，窗外日迟迟。

诸葛亮翻身问童子说：“今日有客人来访吗？”童子说：“刘皇叔已

经在这里等候多时了。”诸葛亮起身说：“为什么不早通报？且等我更衣。”于是转入后堂，又过了半晌，穿戴整齐后出来相迎。至此，刘备终于得见诸葛孔明，与之商讨安邦定国的天下大计。

60

包拯唾溅帝面

包拯，字希仁，庐州人，北宋名臣。他为人正直刚毅、清正廉洁，不慕权贵、铁面无私，被百姓盛赞为“包青天”。

皇祐二年（1050），包拯任天章阁待制、知谏院。当时宋仁宗十分宠幸张贵妃，短短几年就将她从才人提拔为贵妃。张贵妃出身低微，所以在宫中打算为自己的娘家人争取一些位分。张贵妃的伯父张尧佐担任三司使，张贵妃打算让仁宗提拔他为宣徽使。某日上早朝时，张贵妃对仁宗说：“官家今天不要忘了提宣徽使的事情啊。”宋仁宗无奈地说：“知道知道。”

宋仁宗在朝堂上宣布这项任命后，却遭到包拯等人的极力反对。包拯认为张尧佐不务正业，无大才能，于是上表仁宗弹劾他“是非倒置，职业都忘”，朝中其他大臣也纷纷附议。仁宗只好免去张尧佐的三司职务，改命他为宣徽南院使、淮康军节度使、景灵宫使、同群牧制置使。

但是包拯仍旧反对这项任命，他再次上表，请求仁宗收回成命，还劝说百官与自己一起向仁宗进谏。仁宗迫于压力，便免去张尧佐的宣徽南院使和景灵宫使两项职务，保留了淮康军节度使和同群牧制置使两项职务。

张贵妃对此不是很满意，于是在仁宗面前说情，仁宗又再次任命张尧佐为宣徽南院使。包拯得知后，再次面见仁宗，与仁宗据理力争，由于情绪太过激动，唾沫都溅到了仁宗脸上。仁宗无奈，只得放弃，并且表示此后若给张尧佐升迁，必定听取台谏的意见。

仁宗回来后，张贵妃主动迎上去，仁宗见到张贵妃，才举起袖子擦干自己脸上的口水，对她说道：“今天包拯在殿上，唾沫都直接喷在我脸上了。你只管要宣徽使，你难道不知道包拯是御史中丞吗？”张贵妃也不好再提此事。

这个故事表现了包拯正直无畏、敢于直谏的可贵品质，同时也体现了宋仁宗作为一朝君主的容人雅量。

61

赵普荐贤

赵普，字则平，北宋开国名臣。赵普为人机敏，办事严肃刚正，虽然有时好嫉妒猜疑，但能以天下事为己任。

有一次，赵普上奏推荐某人去做官，赵匡胤没有采用。第二天，赵普又上奏举荐此人，赵匡胤仍不用。第三天，赵普又上奏举荐此人，赵匡胤大怒，将奏牍撕碎了扔在地上。赵普面不改色，跪着将撕碎的奏牍拾起来拿回去了。过了几天，赵普将奏牍粘好，再次上奏。赵匡胤于是觉悟，最终起用这个人。

还有一次，有一个臣子立了功，按规定应该升官。赵匡胤平日里就讨厌那人的为人，所以不批准。赵普坚持为他请求，据理力争。赵匡胤怒了：“我就是不准，你能怎么办？”

赵普说：“刑罚是用来惩治罪恶的，赏赐是用来酬谢有功之人的，这是古往今来的通理。况且刑赏是国家的刑赏，不是陛下一个人的刑赏，怎么能以陛下一个人的喜怒好恶来独断专行呢？”赵匡胤听完更加愤怒，起身就走，赵普紧紧跟在他身后，过了很久也不离去。最终赵匡胤同意了给那人升迁。

62

楚归晋知罃

公元前597年，晋国和楚国在邲地交战。战争中，楚国俘获了晋国大夫知罃，晋国俘获了楚庄王的儿子谷臣，射死了连尹（官名）襄老，还把襄老的遗体运回了晋国。而后，晋国人决定送归楚公子谷臣并归还襄老的遗体，要求楚国也送归知罃。此时，知罃的父亲荀首担任着晋国中军副帅一职，所以楚国人答应了。

楚共王送别知罃时说："先生怨恨我吗？"知罃说："两国交战，臣子无能，不堪其任，做了俘虏。君王的属下没有用我的血来涂鼓，让我回到晋国去接受惩罚，这是君王的恩惠。是我自己无能，又怎敢怨恨呢？"

楚共王说："那么你感激我吗？"

知罃说："两国都是为了自己国家的社稷，为了百姓的安居。现在各自抑制住自己的愤怒，互相原谅，都释放了囚犯，以结成友好。两国友好，我并没有参与，又能感激什么呢？"

楚共王说："你这次回去，要如何报答我？"

知罃说："臣无所怨恨，您不受恩德。既然无怨无德，不知道报答什么。"

楚共王说："既如此，还请您明示我。"

知罃说："依赖您的福佑，罪臣得以回归晋国，国君如果杀了我，那我死而不朽。如果国君施恩于我，免去我的死罪，把我赐给您的外臣荀首，我的父亲如果向国君请求，在自家的宗庙里处死我，我亦虽死不朽。如果国君没有杀我，而是让我担任宗族的世职，处理晋国的政事，率领部分军队来治理边疆，那时我即使遇到您的属下，也不敢违背自己的使命。只有竭尽全力告死以赴，尽臣职责，无有二心，这就是我的报答了。”

楚王听了知罃这番话，感叹道：“有先生这样的人在，我们哪里能和晋国相争啊。”于是，他为知罃举行了隆重的送行礼仪，将知罃送还晋国。

63

晏子不死君难

齐棠公的妻子棠姜是东郭偃的姐姐，东郭偃是崔武子的家臣。齐棠公死的时候，东郭偃为崔武子驾车去吊唁。崔武子看到棠姜很美，于是娶她为妻。后来齐庄公与棠姜私通，被崔武子发现，崔武子因此弑杀了自己的国君。

晏子前去吊唁齐庄公，到了崔武子家门外，左右家臣问他：“你打算为国君而死吗？”

晏子说：“难道国君只是我一人的国君吗？我为什么要死呢？”

家臣又问：“那你打算逃离齐国吗？”

晏子回答说：“我有什么罪吗？我为什么要逃亡？”

家臣又问：“那您现在打算回去吗？”

晏子说：“国君已死，臣民又能回到哪里去？作为民众的君主，难道可以凌驾在民众之上吗？他应该主持江山社稷。我们这些臣子，难道就是为了衣食奉养吗？臣子应该保卫江山社稷。君主如果是为社稷而死，臣子则当为君而死；君主如果是为社稷而逃亡，臣子则当为君逃亡。如果他是为自己而死，为自己而逃亡，不是他的至亲之人，谁要去担这份责任？况且人家有君主却要杀掉，我又怎么能随他去死，随他逃亡呢？我又能回到哪里去呢？”

门开了，晏子进去后，伏在齐庄公尸体上痛哭。过了一会儿，晏子站起来，一再捶胸顿足，之后才离开。

有人对崔武子说：“你必须杀了晏子。”崔武子说：“晏子受民众景仰，我今日放了他，才能得回民心。”

64

祁奚请免叔向

公元前 552 年，晋国发生了内乱，晋大夫栾盈逃往楚国。大夫范宣子杀掉了箕遗、黄渊、嘉父、司空靖、邴豫、董叔、邴师、申书、羊舌虎、叔罴，又囚禁了伯华、叔向（羊舌肸，羊舌虎之兄）、籍偃。有人对叔向说："你遭此罪过，大概是因为你不够明智吧。"叔向说："我与那些被杀的人、逃亡的人相比如何呢？《诗》中说：'优哉游哉，聊以卒岁。'这就是明智啊！"

乐王鲋见到叔向，对他说："我帮你向国君求情。"叔向没有应声，乐王鲋离开时，叔向也没有向他拜别。叔向的手下都责备叔向。叔向说："必须要祁奚大夫才行。"家臣首领听到叔向的话，疑惑地问："乐王鲋跟国君说的话，国君没有不照办的，如今他愿意帮忙说情，您却不答应；祁奚大夫又做不到这件事，您却说一定要他来办，为什么？"叔向说："乐王鲋是事事都顺从国君的人，如何能行呢？祁奚大夫，他推举宗族外的人不会避忌仇人，推举宗族内的人也不会忘掉亲人，他难道会独独舍弃我吗？"

晋平公于是向乐王鲋询问叔向之罪。乐王鲋说："叔向不会抛弃亲情，他有可能是同谋。"当时祁奚已经告老还乡，听说此事，他快马加鞭去见范宣子，说："有谋略又很少犯错，教导别人而不知疲倦，叔向正是这种人。有这样的人，江山才能稳固。即使他的十世子孙有了罪过，都应当赦免，以此来勉励这样有贤能的人。如今因为一件小事而放弃栋梁之才，这难道不使人疑惑吗？鲧被杀而大禹发迹，伊尹放逐了太甲，之后又做了太甲的宰相，太甲始终没有怨恨。管叔、蔡叔被杀，周公仍旧辅佐周成王。为什么要因为叔虎（即羊舌虎）的过错而放弃叔向这样的社稷之臣？您做好事，谁敢不努力去做好事呢？多杀人又有什么用呢？”

范宣子听了祁奚这番话，觉得很有道理，于是和他一起去见晋平公，请求晋平公赦免叔向。之后，祁奚没有去见叔向一面就自行离开了，叔向也没有告诉祁奚自己已经获得赦免的事，直接去朝见了晋平公。

65

燕昭王求士

燕昭王在收拾残破的燕国后即位，想用丰厚的财物来招纳贤士，扩充国家的人才储备，然后依靠他们来报齐国攻伐之仇。为此，燕昭王去见郭隗，向他询问招贤纳士的计策。

郭隗见燕昭王诚心诚意，便回答说："成就帝业的人，他们与贤士相处如同对待自己的老师；成就王业的人，他们与贤士相处如同对待自己的朋友；成就霸业的人，他们与贤士相处如同对待自己的臣子；而那些亡国的人，他们与贤士相处就如同对待仆役。"

见燕昭王不是很明白，郭隗继续说道："坐南面北，恭顺地等待，随时准备受学，那么才能百倍于己的人就会到来；先于人行动而后于人休息，先于人请教而后于人沉默，才能十倍于己的人就会到来；别人行动自己也行动，才能与自己一样的人就会到来；倚着几案拄着手杖，斜视指使，仆役之类的人就会到来；如果狂妄骄傲、蛮横无理、嚣张跋扈、大声呵斥，那只有奴隶之类的人会到来。这是古代实行王道、招揽贤士的方法。大王如果诚心地想要选举国中的贤士，就应该亲自登门拜访，天下人若听说大王拜访他的贤臣，天下的贤士就一定都会来到燕国。"

燕昭王连连点头表示赞同，又问："那么寡人应该去拜访谁呢？"郭隗先生见此，便对他说："我听说古代有一位君王用千金求购千里马，三年都没有得到。一个近侍便主动请求国君派自己去寻找千里马，国君就派他去了。三个月过去了，近侍果然带着千里马回来了，但却仅仅是个马头，还花费了五百金。国君大怒说：‘我要找的是活马，怎么买死马？还白费了五百金！’近侍回答道：‘死马尚且用五百金来买，何况活马呢？这样一来，天下人一定认为大王是真心买马，还担心找不到千里马吗？’不到一年，国君轻易地买到了三匹千里马。现在大王就应该效仿这则故事里的国君，既然诚心想要招贤纳士，何不先从我开始呢。我郭隗尚且能得到重用，何况比我更有才能的人呢？难道还会嫌燕国太远吗？”

燕昭王听后，采纳了郭隗的建议，为郭隗修了房舍并拜他为国师。这一做法果然有效。乐毅从魏国来了，邹衍从齐国来了，剧辛从赵国来了……贤士们争先恐后地聚集到燕国，燕国也因大量人才的加入不断变得强大。

66

持兵揖礼

汉文帝后元六年(前158),正值冬天,匈奴三万骑兵大举侵入汉朝边境,烧杀抢掠,无所不为。于是,汉文帝任命宗正刘礼为将军,驻军霸上;任命祝兹侯徐厉为将军,驻军棘门;任命河内郡太守周亚夫为将军,驻军细柳,以防备匈奴入侵京都。

汉文帝为了鼓舞士气,决定亲自去前线慰劳军队。他的车驾到达霸上和棘门两个地方的军营时,直接驱车而入,将士们都骑着马迎送。不久,汉文帝的车队又来到细柳军营,只见军营将士们都身披铠甲,器刃锋利,张开弓弩,弓弦拉满。军队整齐有素,车马排列有序。

汉文帝的先行卫队来到了军营前,却被拦住不得进入。先行的卫队抬高声音大声喊道:“皇上驾到,请做好准备,恭候圣驾!”没想到军门都尉却说:“周将军有令:‘军营中只听将军的命令,不听天子的诏令。’”

汉文帝到了军营前,但没想到的是,守门的士兵神色严肃,连汉文帝也拒之门外。汉文帝见状倒也不生气,反而派使臣手持符节下诏给周将军:“我要进军营慰问三军。”

这时,周亚夫才传令打开军营大门,让汉文帝的车驾进来。守营门的官兵又对随从的军队说:“周将军规定,军营中不能纵马奔驰。”汉文帝便立刻命令众人控制马车,缓慢前行。

来到大营，将军周亚夫手持兵器行礼说：“恭候圣安！穿着盔甲的将士不行跪拜之礼，请以军礼拜见。”汉文帝见周亚夫不卑不亢，端正有礼，被周亚夫感动了，表情也跟着严肃起来。他扶着车前横木俯下身子，向周亚夫表示敬意，并派人告知说：“皇上敬重地慰劳将军。”仪礼结束后，汉文帝就离开了军营。

出了军营的大门，群臣都十分惊愕。汉文帝说：“这才是真将军啊！先前看到霸上、棘门的军队，像儿戏罢了，他们的将士必定会遭受袭击而被俘虏，而像周亚夫这样的将军，又岂能被侵犯呢！”汉文帝回去之后还感怀周亚夫的可贵品质，向旁人称赞了很久。

67

孔子问礼

孔子来到了周都，打算向老子求教有关“礼”的问题。

老子对孔子说：“你所说的‘礼’，那些倡导它的人，都已经腐烂成为枯骨，而只有他们的言论仍旧广泛地流传。况且君子如果时运到了，就应该出去做官，如果生不逢时，就像蓬草一样，随风飘转。我听闻，老练的商人，常常把货物隐藏起来，假装自己手上什么都没有。而具有高尚品德的人，他的容貌往往看起来却像愚钝的人。你应当舍去自己的骄气和过多的欲望，抛弃那些自以为是、踌躇满志的情态神色和不切实际的志向，这些对于你自身没有任何好处。我能告诉你的，就只是这些罢了。”

孔子离开以后，对弟子们说：“鸟，我知道它们能飞；鱼，我知道它们能游；野兽，我知道它们能跑。会跑的我们可以用网去捕获它，会游的能用丝线去钓它，会飞的能用箭去射它。至于龙，我就不知道了，龙是乘风遨游于九天之上的。今天，我见到了老子，他就像龙一样啊！”

68

子路、曾皙、冉有、公西华侍坐

子路（仲由，字子路）、曾皙（曾点，字皙）、冉有（冉求，字子有）、公西华（公西赤，字子华，又称公西华）四人在孔子身边陪坐。

孔子对他们说：“我虽然年纪比你们大一点儿，但你们不要因为我年长就不敢说话了。你们平日常说‘别人都不了解我啊！’，那么如果有人了解你们，你们打算做些什么事情呢？”

孔子话音刚落，子路便不假思索地回答说：“一个中等国家，如果拥有千乘的兵力，夹处在大国之间，受到外国军队的侵犯，接着又遇上饥荒之年；如果让我来治理这个国家，只用等上三年，就可以使人人都有保卫国家的勇气，而且还懂得合乎礼仪的行事准则。”

孔子听完子路这番草率的回答，微微一笑，不置可否。于是他又转头问道：“冉有，你预备如何做呢？”

冉有说：“一个方圆六七十里或者五六十里的国家，如果让我来治理，三年左右，可以使老百姓生活富足起来。至于礼乐教化方面，那就需要等待有道君子来推行了。”

孔子又问：“公西华，你会怎么做？”

公西华十分谦虚地说：“我不敢说自己有什么能力，但是我愿意学习去做些事情。像宗庙祭祀的事务，或者诸侯会盟、朝见天子的时候，我愿意穿着礼服，戴着礼帽，做一个主持活动的小官。”

孔子听罢，又问：“曾皙，你呢？”

弹瑟的声音渐渐稀疏下来，铿的一声，曾皙放下瑟，站起身来，面向老师回答说：“我和他们三个人的想法不一样。”

孔子说：“那又有什么关系呢？不过是各自说出自己的想法罢了！”

曾皙说：“暮春时节，春天的衣服已经做好了，我愿意和五六个成年人一起，带上六七个孩童，在沂水中沐浴，在舞雩台上吹吹风，然后唱着歌回家。”

孔子长叹一声，说：“我赞同点的想法。”

子路、冉有和公西华都出去了，曾皙走在后面。他向老师问道：“老师，您如何看待他们三个人的话呢？”

孔子说：“他们也不过是各自谈谈自己的志向罢了！”

曾皙又问：“您为什么笑仲由呢？”

孔子说：“治国以礼，可是仲由的话却毫不谦让，因此我笑他。难道冉求讲的就不是国家大事了吗？怎么见得方圆六七十里或者五六十里的地方就不是国家了呢？宗庙祭祀、诸侯会盟和朝见天子，不是诸侯的大事又是什么呢？如果公西赤只能替诸侯做小相，那么谁又能给诸侯做大相呢？”

69

一钱太守

刘宠，字祖荣，东汉时期大臣，年轻时因为通晓经学被举荐为孝廉。刘宠担任会稽郡太守时，免除苛政，监察非法活动，没过多久，会稽郡呈现一片太平景象。朝廷于是征召刘宠担任将作大匠（官职名）。

听闻刘宠将要去别的地方赴任，郡中的百姓们纷纷为他送行。山阴县有五六个须发皆白的老翁，从若邪山谷出来送别刘宠。他们每个人都拿着百钱作为赠礼。其中一人说："我们都是些山谷中的粗人，对朝政之事一概不知。我们只记得别的太守在任时，经常派小吏到民间搜刮财物，常常到深夜都不停止，有时候狗叫通宵，百姓都不得安宁。自从太守您来到我们这里之后，百姓平常看不见小吏了。我们到了年老之时才遇到您这样的好官，所以这次大家才奔走相送。"

刘宠听了老翁的话大为感动，说："我的政绩哪里就到了您说的这个地步！父老乡亲们你们辛苦了！你们的心意我收下了，但是你们的钱我不能接受。"几位老翁执意要刘宠接受他们的临别赠礼，刘宠实在无法拒绝，于是他在几个老翁的手里各取了一个铜钱。

等到送行的人渐渐散去，刘宠将这几枚铜钱扔进了江中。传说铜钱扔进江中之后，江水都变得更加清澈了，所以人们把这条江称为"钱清江"，把刘宠称为"一钱太守"。

第五篇

分寸合度，
不卑不亢

70

完璧归赵

廉颇是赵国的良将。赵惠文王十六年(前263),廉颇作为赵国将军出战,大败齐国,攻取晋阳,于是被封为上卿,以勇气闻名于诸侯之间。蔺相如,赵国人,起初是赵国宦者令缪贤家的门客。

赵惠文王时,赵国得到一块无价的璧玉,名为“和氏璧”。秦昭王听闻这个消息,就派人送信给赵王,说自己愿意用十五座城池换取和氏璧。赵王听到十分焦急,立刻召集廉颇等大臣商议此事。如果把和氏璧送给秦国,恐怕秦国并不会按照约定赠送城池,结果白白受了欺骗;如果不给,又害怕秦国会借这个理由出兵攻打赵国。群臣商讨许久也没有良策,便想找一个可以出使秦国的使者去做说客,但没有合适人选。

此时,宦者令缪贤说:“臣家中有一个门客蔺相如,他可以出使秦国。”

赵王问他如何得知,缪贤说:“我曾经犯过罪,打算私下逃往燕国,蔺相如曾阻止我,问我了解燕王吗。我说:‘我曾经跟随大王在边境上与燕王会见,燕王私下握住我的手说愿与我交朋友。’蔺相如对我说:‘赵国强,燕国弱,您又受宠于赵王,所以燕王打算与您结交。而今天,您是去燕国逃亡,燕国畏惧赵国,必然不敢收留您,还会把您捆着送回赵国。您不如脱掉上衣,露出肩背,背上斧头去请罪,还有幸能被赦免。’我听从了他的话,大王您也赦免了我。我认为他这个人有勇有谋,可以出使。”

赵王于是召来蔺相如，问道："秦王打算用十五座城池换取我的和氏璧，可以给他吗？"蔺相如说："秦国强，赵国弱，不可以不答应。"赵王说："拿了我的和氏璧，却不给我城池，该怎么办呢？"蔺相如说："秦国用城池求取玉璧，赵国不许，则赵国理亏；赵国给了玉璧，而秦国没有给城池，则秦国理亏；两相权衡，宁可答应秦国，理亏在秦。"赵王说："那谁来出使？"蔺相如说："大王如果确实没有合适的人选，我愿意捧护玉璧，使城池归赵而玉璧归秦。如果城池不能归入赵国，臣会将和氏璧完好地带回赵国。"

赵王于是派遣蔺相如带着和氏璧出使秦国。秦王坐在章台接见他，蔺相如捧着玉璧奏请见秦王。秦王大喜，把和氏璧给美人和侍臣们看。左右都高呼万岁。蔺相如看秦王根本无意给赵国城池，于是上前说："这块玉璧上有瑕疵，让我指给大王看。"秦王把和氏璧递给他。蔺相如手持和氏璧退后几步，身体靠在柱子上，怒发冲冠，说："大王想得到和氏璧，派人送信给赵王，赵王立刻召集群臣商议，大家都说：'秦国贪得无厌，自负强大，想用空话求得玉璧，恐怕不可能送我们城池。'所有人都不同意给秦国送玉璧。臣认为布衣之人结交，尚且不会互相欺骗，何况是大国呢。就因为一块玉璧，使强大的秦国不高兴，这是不可取的。于是赵王斋戒五日，派臣捧护玉璧，送到秦国来，这是为什么呢？就是为了尊重大国的国威以示敬意。现在臣来到了秦国，大王待我以寻常之礼，礼节如此拮据；您拿到玉璧后传给美人、侍臣们看，我看您根本无意给赵国城池，所以我将玉璧拿了回来。大王您要是强迫我，我的头就和玉璧一起撞碎在这根柱子上！"

秦王害怕他真的撞碎和氏璧，连忙好言相劝，但是蔺相如不答应。于是秦王让大臣拿出地图来，指出十五座城池的位置，允诺送给赵国。蔺相如猜想秦王只是口头允诺，并不会真的给赵国城池，于是对秦王说："和氏璧，是天下人口口相传的珍宝，赵王害怕秦国，不敢不献璧于秦。赵王送璧之时，斋戒五日，今天大王您也应斋戒五日，在殿堂上安排九宾大典，臣才敢献上和氏璧。”秦王思忖，强夺不可行，于是答应他斋戒五日，让蔺相如住在广成传舍。蔺相如认为秦王即使斋戒五日，最终也不可能答应给赵国城池，便让他的随从穿上粗布衣服，带上和氏璧，从小路回到了赵国。

秦王斋戒五日之后，召见蔺相如。蔺相如对秦王说：“秦国自穆公以来，还没有守信的君主，我确实害怕被您欺骗而有负于赵国，所以已经命人将和氏璧带回了赵国。况且秦国强大，赵国弱小，大王您只要派遣使者去赵国，赵王会立刻派人把和氏璧给您送过来。今日强大的秦国若是能先送十五座城池给赵国，赵国又岂敢不送和氏璧给您而得罪秦国呢？臣知道欺骗大王其罪当诛，请大王处死臣。只希望大王与群臣从长计议。”秦王很愤怒，但考虑到即使杀了蔺相如也拿不回和氏璧，还会断送秦赵两国的交情，不如厚待他，送他回赵国。于是秦王用完备的礼节，把蔺相如送回了赵国。

蔺相如回到赵国之后，赵王认为他是个贤人，封他为上大夫。最终秦国没有给赵国城池，赵国也没有送秦国和氏璧。

71

渑池之会

一日，秦王派使者告诉赵王，想要在西河外渑池举行会面。

赵王害怕秦王又有什么算计，不想去。廉颇、蔺相如等人商议：“大王如果不去，就会显得赵国弱小又怯懦。”赵王于是决定出行，蔺相如随行。廉颇送赵王至边境，与大王分别时说：“大王此行，估计一路的行程和会见的礼节结束，待到回国，不会超过三十天；三十天若还不回来，则请立太子为王，断绝秦国要挟赵国的念头。”赵王同意了，便去渑池与秦王会面。

秦王酒喝得正酣，对赵王说：“寡人私下听闻赵王擅长音律，请您奏瑟听听。”赵王于是鼓瑟。秦国的御史走上前，记述道：“某年某月某日，秦王与赵王会饮，命令赵王鼓瑟。”蔺相如看到这个情景，也走上前，说道：“赵王私下听闻秦王擅长演奏秦地的乐曲，请给秦王端来盆缶，大家相互娱乐。”秦王生气，不理睬他。于是蔺相如端着缶上前，跪下请秦王击缶。秦王还是不肯。蔺相如说：“五步之内，我能够把自己项上之血溅在大王身上！”秦王左右的侍从想要杀掉蔺相如，蔺相如睁大眼睛瞪着他们，他们只好后退。于是秦王只得非常不情愿地击了一下缶。蔺相如回过头来嘱咐赵国御史，让他记下“某年某月某日，秦王为赵王击缶”。过了一会儿，秦国的群臣喊：“请赵王用十五座城池来为秦王祝寿！”蔺相如也喊：“请秦王用国都咸阳来为赵王祝寿！”一直到酒宴结束，秦国始终没能占上风。

赵国在边防设置了重兵，秦国也不敢轻举妄动。

渑池之会结束后，赵王一行人回到赵国，因为蔺相如此次功劳大，赵王封他为上卿，职位在廉颇之上。

72

晏子使楚

晏子，名婴，春秋时期齐国著名的政治家、外交家。

有一次，齐王派晏子出使楚国。楚王知道晏子身材矮小，所以想借此来羞辱他。他命人在楚国的城门旁边开了一个小门，让晏子从这个矮小的门中进来。晏子不肯，他对来迎接他的官人说："只有出使狗国的人，才会从狗洞里进去。今天我出使的是楚国，不应当从这个门进去。难道说，楚国其实是一个狗国吗？"来迎接的官人听罢无言以对，只好让晏子从正门进入。

晏子见到了楚王，楚王说："齐国难道没人了吗？为什么派你来做使者？"晏子回答道："我们齐国的国都临淄，有七千多户人家，人们张开衣袖就能遮住日光，挥洒汗水就像下雨一样。走在路上，人们肩膀挤着肩膀，脚尖贴着脚跟，怎能叫作'无人'？"楚王说："既然齐国有这么多人，怎么派你这样的人来出使呢？"晏子回答道："我们齐国派遣使者是有讲究的。贤良的使者就会被派到贤明的君主那里，不肖的使者就会被派到不肖的君主那里。我在我们国家是最不中用的使者了，所以就被派到楚国来了。"

又有一次，楚王听闻齐国再次派晏子来出使。楚王立刻召集身边人，说："齐国的晏婴是一个能言善辩的人，他现在又要出使我国，我打算羞辱他，应该怎么做呢？”站立左右的人你一言我一语，最终想到了办法。

晏子来到殿上，楚王赐晏子酒。喝得酒兴正浓的时候，有两个小吏绑着一个人来到楚王面前。楚王问：“这个绑着的是什么人？”小吏回答：“是齐国人。”楚王又问：“他犯了什么罪？”小吏回答：“犯了盗窃罪。”楚王看着晏子说：“是齐国人天性就爱盗窃吗？”晏子离开坐席，站起来对楚王说：“我听说，橘子生长在淮南就是橘子，生长在淮北就成了枳。它们二者只是叶子相似，果实的味道却完全不同。这是为什么呢？是由于水土不同。这个人在齐国生活的时候不犯盗窃罪，一来到楚国就成了盗窃犯，莫不是楚国的水土会使得老百姓善于盗窃吗？”楚王听了，只得尴尬地笑笑说：“圣人是不能戏弄开玩笑的，如今是我自讨没趣了。”

73

庄辛见楚襄王

庄辛，战国时期楚国人。楚襄王骄奢淫逸，不务政事，于是庄辛见到楚襄王，直言道：“君王您日日跟州侯、夏侯、鄢陵君和寿陵君在一起，一味过着奢侈无度的生活，这样下去，郢都要危险了！”

楚襄王毫不在乎地说：“先生是老糊涂了吧！还是认为这是楚国不祥的征兆？”庄辛说：“臣确实已经看出您这种行为将会导致的必然结果了。您如若继续宠幸这四个人，楚国必要亡国了！请让臣去赵国避难吧，且看看楚国的运势。”

于是庄辛离开了楚国，在赵国住了五个月。果不其然，秦国攻破了楚国的鄢郢、巫郡、上蔡、陈等地。楚襄王流亡到了城阳。他悄悄派人去赵国寻找庄辛。

庄辛见到了楚襄王，襄王说：“寡人当初没有听先生的话，才走到今天这个地步，现在我该怎么办呢？”

庄辛说：“臣听说过一句俗话，‘见兔而顾犬，未为晚也；亡羊而补牢，未为迟也’。臣还听说，从前商汤、周武王只拥有百里之地却王朝兴盛，夏桀、商纣坐拥天下却最终自取灭亡。今天楚国虽然小，但只要截长补短，仍旧有千里之地可以凭借，岂止百里呢！

“大王您一定看见过蜻蜓吧。它六脚四翅，飞翔于天地之间。低头吃蚊虻这样的小虫，仰头喝甜美的露水。它自以为与世无争，没有忧患，殊不知那五尺小童，正在调和糖浆粘在丝线上，从三丈高的地方把它粘住，拽下来作为蝼蚁的食物。

“黄雀也是这样。黄雀平常低头吃点儿白米，栖息在茂密的树上，抖动自己的翅膀，自以为没有忧患，与世人无争。却不知公子王孙，手里拿着弹弓，把它从八丈高的空中射下来。黄雀白天还在茂密的树丛中游荡，晚上就被加点儿佐料成了人们口中的美食。倏忽之间，就折在了公子王孙的手中。

“黄鹄也是这样。黄鹄平常在江海上空翱翔，在沼泽之地逗留，低头啄食水里的鱼，仰头撕咬岸边的水草。展开翅膀，御风而飞，飘飘摇摇好不自在。它自以为没有忧患，与世无争，殊不知，射箭者已经准备好弓箭，将射向八十丈的高空。黄鹄身上插着箭，拖着细细的箭绳，从高空中坠落而下。黄鹄啊，白天还在江河中游荡，晚上就被烹煮在锅中。

“其实当年蔡灵侯也是这样。蔡灵侯南游高陂，北登巫山，饮茹溪之水，吃湘江之鱼。左拥右抱，玩乐于高蔡之地，不管国家之事。殊不知，子发已经受命于楚灵王，他将要被红绳捆缚去见灵王。

“如今君王您的情况也是这样。您左有州侯，右有夏侯，车辇后跟着鄢陵侯和寿陵侯，吃的是封地的粟米，用的是地方的金银，在云梦之地游玩享乐，不管国家之事；您不知，穰侯魏冉已经受命于秦王，在黾塞之地布满军队，而您却被州侯等人抛弃在黾塞之外。”

楚襄王听了庄辛的话，脸色惨白，身体战栗。于是他把执事的玉圭授予庄辛，封他为阳陵君。

74

范成大出使金国

范成大，字致能，号石湖居士，南宋著名诗人，与陆游、杨万里、尤袤并称为南宋“中兴四大诗人”。

隆兴北伐失败后，宋与金签订了《隆兴和议》，然而和议中的种种不平等条款让宋孝宗耿耿于怀，彻夜难寐。尤其是条款中的受书仪，在宋孝宗眼中是奇耻大辱。乾道五年（1169），宋孝宗接受虞允文的建议，打算派遣使者去金国谈判，修改受书仪并归还河南宋朝皇陵。左相陈俊卿认为贸然前去修约不可取，劝宋孝宗等国力强大时再图修约之事。宋孝宗一怒之下将陈俊卿罢相，任命虞允文为右相兼枢密使。于是君臣二人商议派人出使金国。

南宋单方面提出修改《隆兴和议》，这无异于对金国的挑衅，所以满朝文武战战兢兢，无人敢领命出使。虞允文向宋孝宗推荐李焘和范成大，然而李焘坚决推辞。这时候，文官范成大欣然领命。他知道此行十分凶险，已经做好了有去无还的打算。他说：“臣已立后，为不还计。”范成大请宋孝宗把更改受书仪的要求写在国书上，但宋孝宗没有同意。

乾道六年（1170）五月，范成大出使金国。到达燕山之后，范成大私自将更改受书仪的条款写在国书中。到达金国首都中都（今北京）后，范成大见到了金世宗完颜雍。范成大将国书呈给金世宗，大声叙述了国书中关于更改受书仪以及归还皇陵的内容，言辞十分慷慨激昂。

然而这种递交个人书信的行为是不符合两国外交礼仪的，金世宗非常生气，说："这里难道是献国书的地方吗？"他命令范成大将国书收回，立刻下殿请罪。范成大索性一不做二不休，他说："国书不达，我回去必死。与其有辱使命，不如死在这里。"金国太子也非常愤怒，甚至要当场杀死范成大，被众人阻止才罢休。金国的大臣们也纷纷站出来指责范成大。然而范成大始终保持镇定，不卑不亢。

后来，金世宗拒绝了南宋方修改和议的请求，但是为了不使两国关系恶化，就同意归还宋钦宗的棺材和河南皇陵。范成大出使金国，虽然没能达到修约的目的，但是他不畏强权，在金国朝堂上保全气节，最终不辱使命，令金国君臣折服。

75

烛之武退秦师

公元前630年，晋文公联合秦穆公围攻郑国，因为郑国曾经对晋国无礼，而且还结交楚国。晋国的兵马驻扎在函陵，秦军驻扎在氾南。郑文公十分慌张，赶忙召集群臣商议对策。郑国的大夫佚之狐对郑文公说：“国家现在情况很危急啊！如果能够请烛之武去游说秦君，他们一定会退兵。”

郑文公于是去请烛之武，但是烛之武推辞道：“臣年轻的时候，尚且不如别人，现在我已经老了，更是没什么用了。”郑文公说：“我一直没能重用先生，直到今天局势危急才来求先生，是我的过错。但是郑国如果灭亡了，对先生您也是不利啊。”烛之武答应了郑文公的请求。

夜晚，烛之武用一根长绳从城墙缒下离开。他到了秦营，面见了秦穆公，说：“秦国、晋国围攻郑国，郑国已经知道自己要灭亡了。如果郑国灭亡对您有利，我哪敢来劳烦您呢？然而越过晋国，把地处遥远的郑国作为秦国的东部边邑，您知道这是很难的。何必用灭亡郑国来给晋国增加领土呢？晋国实力越雄厚，秦国的实力就越薄弱啊。如果您愿意放弃攻打郑国，而是把郑国作为东路上的主人，贵国的使臣来往，我们为他们提供食宿，补给物资，这样对您也没有害处。况且您曾经给过晋君恩赐，晋君许诺给您焦、瑕两地。然而他早晨刚渡过黄河回去，晚上就修筑防御工事，这件事您是知道的。晋国哪里有满足的时候？他们已经把东边的郑国作为疆界，又想扩张西边的领土。要达到这个目的，不图谋秦国，他又要到哪里去夺取土地呢？削弱秦国来使晋国强大，这当中的利害，还请您仔细考虑啊。”

秦穆公觉得烛之武的话很有道理，他高兴地与郑国结为联盟，并派杞子、逢孙、杨孙戍守郑国，之后撤兵回去了。

晋国上卿狐偃请求攻击秦军，晋文公说：“不可。没有秦国的力量我们到不了今天这个地步。借助了别人的力量又去损害他，这是不仁；失掉自己的同盟国，这是不智；用混乱来交换联合一致，这是不合武德。我们还是回去吧！”于是，晋军也撤退了。

76

展喜犒师

鲁僖公二十六年（前634），齐国侵犯鲁国边境，情况十分危急。鲁僖公派展喜去犒劳齐军，并且让他去展禽那里请教犒军的外交辞令。

齐孝公还没进入鲁国边境，展喜就跟上去，说：“我们国君听闻您亲自前来，屈尊光临我们这个破陋的地方，所以特地派遣下臣来犒劳您的左右。”齐孝公问：“鲁国人害怕吗？”展喜回答说：“小人害怕，君子不害怕。”齐孝公说：“鲁国的府库已经空虚得如同悬挂起来的磬，四野里已经荒芜得没有一棵绿草，你们凭什么不害怕？”

展喜回答说：“我们依仗的是先王之命。从前周公、太公辅佐周氏，协助周成王。成王犒劳他们，并与他们结成盟约，‘世世代代的子孙，不要互相侵害’。这份盟约被存放在盟府，由太师掌管着。齐桓公因此联合诸侯，商讨如何解决他们之间的纠纷，弥补他们之间的裂痕，救助他们的灾难，这种种做法正是为了显扬固守的职责。到了您即位之时，诸侯各国都寄予厚望，说‘他一定会继承桓公的功业’，我们这个破败的小国因此才不敢修筑城池，集聚民众，人们都说‘难道他继位才九年，就打算背弃先王之命，废除旧日职守？他如何向先王交代？他一定不会这样做’。就是凭借这个原因，我们鲁国人才不害怕。”

于是，齐孝公收兵回国。

77

赵威后问齐使

齐王派遣使者去赵国问候赵威后，书信还没有启封，赵威后问使者道：“今年的年成还好吧？百姓还好吧？齐王也还好吧？”

齐国使者听了很不高兴，说：“臣奉君王的使命来问候您，您却不先问候我国国君，而是先问年成与百姓，难道还有卑贱者在先、尊贵者在后的道理吗？”赵威后说：“此话不对。如果没有年成，百姓如何安居？如果百姓不能安居，君王又岂能安稳？所以哪里有舍弃本而先问末的呢？”

赵威后又进一步询问齐国来使：“齐国有一位处士，名叫钟离子，他现在好吗？他这个人，有粮食的人他给人家粮食吃，没粮食的人他也给人家粮食吃；有衣服穿的人他给人家衣服穿，没衣服穿的人他也给人家衣服穿。这是在帮助君王供养自己的百姓啊。为什么钟离子到现在还没被任用呢？

“叶阳子他还好吗？他这个人，怜悯那些无妻无夫的人，抚恤那些无父无子的人，救济那些贫穷困苦的人，补助那些缺衣少食的人。他是在帮助君王养育安定他的百姓啊。为什么叶阳子到现在还没有被任用呢？

“北宫家的女子婴儿子现在还好吗？她摘掉自己的珠宝首饰，至老不嫁，就是为了奉养自己的双亲。她这是率领大家奉行孝道啊。为什么婴儿子至今还没有被封号上朝呢？这两位贤士不被任用，一位孝女不能上朝，何谈使齐国兴旺，把百姓当作子民呢？

“于陵那个叫子仲的人还在吗？子仲这个人，既不对君王称臣，又不管理好自己的家，也不同诸侯交往。这是在带领百姓无所作为，这样的人，齐国为什么现在还不处置他呢？”

78

齐国佐不辱命

公元前589年，齐、晋两国在鞌交战，齐军失利，战败而逃。晋军乘胜追赶齐军，从丘舆进入齐国境内，攻打马陉。

齐顷公只好派遣国佐宾媚人去向晋国求和，让他奉上纪国的礼器、玉磬和土地。临走时齐顷公对宾媚人说："如果他们不答应，那就听凭他们处置吧。"

到了晋军营中，宾媚人送上礼物，说明来意。晋人果然不答应，郤克说："必须让萧同叔子来做人质，而且还要使齐国境内的田垄全部改成东西向。"

宾媚人答道："萧同叔子并非其他人，她是我们国君之母。相类比的话，就如同是晋国国君之母。您向天下诸侯颁布天子之令，如今却要别人的母亲来做人质，您将天子之命置于何处？您这是在以不孝来令诸侯。《诗》上说，'孝子不匮，永锡尔类（孝子之心永不衰绝，永远赐福于你的同类）'。现在您以这种不孝之命来号令诸侯，岂非将自己归到无德之类吗？先王界定天下疆土，根据物候土壤之利来规划土地的用途，所以《诗》上说，'我疆我理，南东其亩（我划定疆界，治理沟垄，南向东向开辟田亩）'。现在您规划诸侯的土地疆界，却只一句'田垄全部改成东西向'，您要求方便兵车通行，却不顾忌土地之宜，这难道不是在违背先王之命吗？违背先王之命就是不义，又如何能成为盟主？您此举恐怕确实有过错。四王（夏禹、商汤、周文王和周武王）统一天下的时候，树立德行，满足诸侯的共同愿望。五伯（夏伯昆吾，商伯大彭、豕韦，周伯齐桓、晋文；一说齐桓、晋文、秦穆、宋襄、楚庄）称霸的时候，辛勤地安抚诸侯，履行先王之命。现在您要求联合诸侯，却是为了满足无止境的欲望。《诗》上说，‘敷政优优，百禄是遒（以宽容之心来施行政策，无尽的福禄就会跟随他）’。如此看来，您实在是不够宽容，然而舍掉一些福禄，对诸侯能有什么坏处呢？如果您不答应讲和，国君派我来的时候，还有别的话交代我。他说，‘您率领贵国军队来到敝国，我们只有衰兵薄赋与贵军周旋。由于畏惧贵国国君的威严，军队遭到了挫败。承蒙您开恩为齐国祈求福佑，从而使齐国之社稷不绝，使两国保持旧好，正因如此，敝国决不敢吝惜先君这些破旧的器物和土地。然而您不答应。既如此，那就请允许我们收集残兵败将，在我国城下决一死战吧。即使我们侥幸取得胜利，也还是会服从贵国；倘若我们不幸战败，不更是唯贵国之命是听？’”

齐国佐宾媚人的一番话，先礼后兵，挫减了晋军的嚣张气焰。为了维持表面的道义，最终晋国答应议和。

79

鲁仲连义不帝秦

赵孝成王时，秦国围困了赵国国都邯郸。魏安釐王派出将军晋鄙前去营救赵国，但是由于畏惧秦军，晋军驻扎在汤阴，不敢再往前进。

魏王于是派客将军辛垣衍偷偷潜入邯郸，通过平原君的关系见到了赵王。他对赵王说："秦军之所以急于围攻赵国，是因为当初秦国与齐湣王争夺称帝，不久又归还了帝号。如今齐国的力量更加削弱了，秦国称雄天下，这次围城并非贪图邯郸，他的真实意图是想要重新称帝。只要赵国能够派遣使臣尊秦昭王为帝，秦国肯定很高兴，一定会退兵。"平原君犹豫不决。

此时鲁仲连恰在赵国游历，正赶上秦国围攻邯郸。他听说魏国想要赵国尊秦君为帝，于是去见平原君，问他对这件事的看法。平原君说："我哪里敢谈论这样的大事！已经有百万的兵力折损于外了，今天邯郸又被围攻，无法突围。魏王让客将军辛垣衍劝说赵国尊秦为帝，这个人现在还在这里。我哪敢谈论这样的大事！"鲁仲连说："我以前一直认为您是非常贤明的公子，现在才知道并不是。辛垣衍人在哪儿？请让我替您责问他并让他回去！"平原君说："我来为您引见。"

平原君对辛垣衍说："齐国有一位鲁仲连先生，他如今在赵国，请让我为您介绍，跟先生认识一下。"辛垣衍说："我听闻鲁仲连先生是齐国品行高尚之人。我只是一个臣子，我来赵国是公事公办，我不愿意见鲁仲连先生。”平原君说：“我已告知先生您在这儿了。”辛垣衍没办法，只好答应了。

鲁仲连见到辛垣衍，却沉默无语。辛垣衍只得先开口说道：“我看在这座围城中的人，都有求于平原君。今日我见到先生您的高姿，您并不像有求于平原君的人，那么您为什么留在这围城中还不离开呢？”鲁仲连说：“世人认为鲍焦抱木而死是因为心胸狭隘，他们都错了。人们不了解鲍焦，以为他是为了自己打算。秦国弃礼义于不顾，崇尚斩首之功，用权诈之术来对待士卒，像对待奴隶一样役使人民。假如秦国肆无忌惮地称帝，不幸竟统治了天下，那我只有跳进东海去死，我不愿意做秦国的顺民！我之所以来见将军，就是为了帮助赵国。”辛垣衍说：“先生打算怎样帮助呢？”鲁仲连说：“我要请魏国和燕国帮助它，齐国和楚国本来就已经在帮助赵国了。”辛垣衍说：“我相信燕国是会听从您的。而魏国，我就是魏国人，我想知道先生打算怎样让魏国来帮助赵国呢？”鲁仲连说：“魏国只是目前还没有见识到秦国称帝的危害罢了。只要能让魏国见识到秦称帝的危害，那么魏国一定会帮助赵国。”辛垣衍问：“那秦国称帝会有什么危害呢？”鲁仲连说：“当初，齐威王奉行仁义，率领天下诸侯朝拜周天子。那时周朝已经衰微，许多诸侯都不去朝拜，只有齐国去。过了一年多，周烈王逝世，诸侯都去吊唁，而齐威王却去迟了。周显王很生气，派人到齐国呵斥：‘天子去世，这是天崩地裂一样的大事，就是天子也要离开宫室，在草席上守丧。你一个东方属国之臣田婴齐（即齐威王）居然敢迟到，应该斩首！’”齐威王听了勃然大怒：‘呸！你的母亲，原先还是个婢女呢！’这件事沦为天下人的笑柄。齐威王在周烈王在世的时候朝见，周烈王死后就破口大骂，实在是因为忍受不了新天子的苛求。那些做天子的，本来就是这个样子，没什么好奇怪的。”

辛垣衍说：“先生难道没见过奴仆吗？十个仆从跟随一个主人，难道是他们力气、智力比不上主人吗？是因为害怕啊。”鲁仲连说：“那么魏国对秦国来说，就像是奴仆一样吗？”辛垣衍说：“是这样。”鲁仲连说：“那么我就请秦王将魏王剁成肉酱煮了！”辛垣衍听了这话，非常不高兴地说：“先生的话，未免太过分了！先生又怎么能让秦王把魏王剁成肉酱呢？”鲁仲连说：“当然能！你听我分析：从前鬼侯、鄂侯、文王是纣王的三个诸侯。鬼侯有个女儿，生得天姿国色，于是鬼侯把她献给纣王。纣王却觉得鬼侯的女儿很丑，于是把鬼侯剁成肉酱。鄂侯为鬼侯争辩，纣王又把鄂侯做成了肉干。文王听了，只能悲痛地叹息。纣王又把他囚禁在牖里的牢中百余天，准备杀了他。为什么鬼侯、鄂侯都被称为君王，却最终落得这样的下场呢？”

“齐湣王要去鲁国，侍从夷维子跟随其后替他赶车。他对鲁国官员说：‘你们打算怎样接待我国国君？’鲁国官员说：‘我们打算用牛、羊、猪各十只来款待你们的国君。’夷维子说：‘你们怎么能用这样的礼仪来接待我的国君呢？我们国君，那可是天子啊。天子到各国巡查，诸侯理应迁出正宫，移居别处，交出钥匙，提起袍子，站在堂下伺候天子用膳，天子吃完后，才能去上朝听政。’鲁国人听完后，就用钥匙锁上了城门，不让齐湣王入境，所以齐湣王没能去成鲁国。他们又打算去薛国，路上经过邹国。当时正逢邹国国君去世，齐湣王想去吊唁。夷维子对邹王的遗孤说：‘天子前来吊唁，主人家一定要把灵柩移到反方向上去，放在坐北朝南的地方，好让天子能面朝南方吊唁。’邹国臣子们说：‘如果一定要这么做，我们情愿伏剑而死。’所以齐湣王又没能进入邹国。邹国与鲁国的臣子，虽然在国君生前没能好好奉养，国君死后又不能周备地处理丧事，然而要想在邹、鲁这样的小国家行天子之礼，他们都会拒绝齐湣王入境。现在秦国是万乘之国，魏国也是万乘之国，大家都有称王的条件。就因为秦国打了一次胜仗，就打算尊他为帝，这么看来，韩、赵、魏三国的诸侯，都比不上邹、鲁小国的仆妾。”

“况且秦国不达称帝的目的不会罢休，到那时，他就会更换诸侯的大臣。他将要罢免那些他认为不肖的，换上他认为贤良的；罢免那些他不喜欢的，换上他喜欢的。他还会让他的女儿和爱搬弄是非的姬妾，嫁给诸侯做姬妾，让他们住在魏国的宫廷中，这样，魏王还能够高枕无忧吗？而将军你又怎么能得到过去那样的宠信呢？”

于是辛垣衍站起来，向鲁仲连拜了两拜，说：“当初我以为先生是个普通人，今天我才知道先生乃是天下的高士！请让我离开赵国，我再不敢说让秦国称帝的事情了！”

秦国将领听说鲁仲连之事，因此撤军五十里。恰好魏公子无忌夺下了晋鄙的兵权，他率领军队来救援赵国，攻击秦军，秦军最终撤离了邯郸。

平原君打算封赏鲁仲连。鲁仲连再三推辞，最终没有接受。平原君设宴招待他，喝得酒酣之时，平原君起身向前，奉上千金酬谢鲁仲连。鲁仲连笑着说：“贤士之所以受到天下人敬重，就是在于他们为人们排忧解难，平息纷争，而丝毫无所取。接受别人的报酬，与商人何异？我鲁仲连不能这样做。”说罢，鲁仲连便与平原君辞别，此后再没有相见。

80

子产坏晋馆垣

鲁襄公去世的当月，子产陪同郑简公去晋国纳贡。晋平公因为鲁国有丧事而没有接见他们。子产于是命人拆毁驿馆的围墙，让自己的车马进去。

晋国大夫士文伯责备子产道：“敝国因为没有处理好政治和刑罚的事务，使得盗贼猖獗，无奈诸侯属臣常常屈尊光临敝国，因此派小吏修缮客馆，加高馆门，加厚围墙，以使客人不要为安全忧心。如今您毁坏了围墙，即使您的随从能保持戒备，但是别的宾客该怎么办呢？我的国君命我来问问您为何要这样做。”

子产回答说：“敝国地域狭小，处在大国之间，大国不时地向我们索求贡品，所以我们不敢安居，只能到处搜寻敝国的财富，以便随时朝见。此次恰巧碰上贵国不得空闲，未得相见，又没有得到命令，不知道确切的朝见日期。我们不敢进献财物，也不敢让它们暴露在外面。如果已经进献给贵国，那就是晋君府库中的财物。不举行进献的仪式，我们是不敢进献的。如果暴露在外，则害怕它们被日晒雨淋，腐烂生虫，这是加重我们的罪过啊。我听说晋文公做盟主时，宫室都非常简陋，没有亭台楼榭，但却将接待宾客用的馆舍修筑得宏伟高大。馆舍就如同国君的寝宫，工匠按时修缮仓库和马棚，司空（官名）按时平整道路，泥瓦匠人按时粉刷馆舍的墙壁。诸侯宾客到了，掌管薪柴的官员点燃庭院中的火把，仆从巡视客舍，车马都有处存放，宾客的随从有人代劳，有专门的人员养护车马，各个职责的人，各自管理分内的事务。晋文公从不让宾客滞留，也不延误宾客的事务，他与宾客同忧同乐，有事就立刻巡查，有不明之处就教导他们，有不足之处就供给他们。宾客到了晋国就如同回家一样，没有灾患，没有盗贼，更不用担心物品的干燥潮湿。而今晋侯的别宫方圆数十里，却让诸侯宾客住在奴仆居所一样的地方，车辆无法进入大门，又不能翻墙进入，盗贼横行，天灾也无法预防。会见宾客没有固定的时间，召见的命令也不能按时下达。若再不拆毁围墙，就没有地方存放财物，罪过又加重了。敢问执事，您对我们有何指教？虽然贵国遇到了鲁国的丧事，但这也是我们的忧虑啊。如果允许我们进献贡品，我们就修缮好围墙然后离开，这是贵国的恩惠，我们怎敢害怕辛劳！”

士文伯听了子产的话，回去复命。晋大夫赵文子说：“他说得有道理。我们在德行方面确实不足，用奴仆居所一样的馆舍招待诸侯，是我们的过错。”于是，他命令士文伯前去向郑简公道歉。

晋平公接见郑简公时，提高了礼仪规格，准备了盛大的宴会，而后才让郑简公回去。接着他又扩建了接待诸侯宾客的馆舍。

第六篇

周听不蔽，
朝过夕改

81

负荆请罪

渑池之会后，赵王及蔺相如回到赵国。自此赵王更加信任蔺相如，这使得廉颇十分不满。

廉颇对左右说：“我是赵国的将军，有打仗攻城的功劳，而蔺相如仅仅靠自己的口舌之利，就位居我之上！况且蔺相如从前只是一介贱民，我怎么能屈居在他之下！”他还扬言说：“如果见到蔺相如，我一定好好羞辱他。”

蔺相如听说后，便躲着廉颇不与他见面。他的门客们都说：“我们之所以离别亲人投奔您的门下，是倾慕您高尚的节义。如今您和廉颇同在朝堂之上，廉颇对您出言不逊，您却害怕他躲着他，您的畏惧也太过了，普通人尚且觉得羞耻，何况您和他是相国与将军呢！我等不才，就让我们走吧！”蔺相如坚决挽留他们，说：“你们看廉将军与秦王相比，谁更厉害？”大家说：“廉颇没有秦王厉害。”蔺相如又说：“像秦王的盛威，我蔺相如也敢当庭呵斥他，使秦国群臣受辱；我虽然驽钝，难道单单害怕廉将军吗？强大的秦国之所以不敢向赵国动兵，就是因为赵国有廉将军和我两个人。今日我们若是两虎相争，必然是两败俱伤。我之所以处处忍让廉将军，是把国家的安危放在前，个人的恩怨放在后啊。”

这番话传到廉颇耳中，他十分羞愧。于是他脱掉上衣，露出上身，背上荆条，由宾客引导，来到蔺相如家门前向他请罪。他说：“我是一个粗陋卑贱的人，竟然不知道您宽宏大量到如此地步！”蔺相如热情地接待了他，从此以后，廉颇和蔺相如成为生死与共的好朋友。

82

孟母三迁

孟子，名轲，字子舆，邹国人。战国时期哲学家、思想家、政治家、教育家，儒家学派的代表人物之一。

孟轲的母亲，其真实姓名已不可考，相传她姓仉，战国时期晋国人。孟轲很小的时候父亲就去世了，他和母亲相依为命。母亲勤俭节约，靠着纺纱织布抚养孟轲长大。

孟轲小时候家住在一片墓地的旁边，时常有穿着孝服的送葬队伍，吹着唢呐，抬着棺材，一路哭号，到了墓地，几个人用锄头刨出墓坑，把棺材埋了。孟轲觉得很有趣，于是常常和几个小伙伴一起玩办理丧事的游戏。孟母见到这种情况，便觉得居住在这里对孩子的成长没有好处，于是带着孟轲搬家了。

孟母带着孩子搬到一个集市的旁边，集市上人来人往，很是热闹。久而久之，孟轲常常和小伙伴玩一些商人买卖、屠户屠宰的游戏。孟母又说："这里也不是适合孩子居住的地方。"于是她毅然带着孩子再次搬走了。

这一次，母子二人搬到了一座学堂的旁边。学堂里常常传来儿童咿咿呀呀读书的声音，孟轲也跟着摇头晃脑地读起书来。孟母觉得这个环境适合孩子成长，于是将孟轲送到了学堂读书。然而孟轲读书却不怎么用功，时常逃学与小伙伴们嬉戏。孟母知道以后非常焦急。

一天，孟轲又在外面和小伙伴们玩耍，等他回到家，母亲把他叫过来，对他说："这几天书读得怎么样了？"

孟轲满脸不在乎地说道："还行吧。"

母亲一言不发，拿起剪刀，把织布机上自己辛辛苦苦纺织好的布全剪断了。孟母指着断掉的布匹对他说道："你学习半途而废，就像我把织好的布全部剪断一样！"

孟轲的内心受到了震动。他决心埋头苦读，不负母亲的期望。等孟轲长大成人后，他通习六艺，成为儒家学派的代表人物之一。孟子在学术上获得的巨大成就，离不开他母亲的悉心教诲。

83

元方知礼

陈太丘和朋友约好中午一起出行。然而过了中午，友人还是没有到。陈太丘便不再等待，自己先行离去了。等到陈太丘已经离开一段时间了，他的朋友才驾着车前来。

陈太丘的儿子元方当时刚七岁，正在门外面玩耍。陈太丘的朋友便问元方："你的父亲在吗？"元方回答说："父亲等您很久，您一直没有来，他就先离开了。"友人很生气地说道："真不是君子啊！与人约好了一起出行，却丢下别人自己离开了。"

元方听到父亲友人的责骂，回答道："您与我父亲约好中午出行。中午您还没到，就是不讲信用。现在您又当着一个孩子的面骂他的父亲，这是没有礼貌。"友人听了元方的话，感到十分惭愧，下了车想去牵元方的手向他示好。元方头也不回地走回家了。

84

—

扁鹊见蔡桓公

扁鹊，姬姓，秦氏，名越人，春秋战国时期的名医。他医术高超，于是人们借用上古传说中的名医“扁鹊”的名字来称呼他。

扁鹊第一次见到蔡桓公的时候，站了一会儿，他对蔡桓公说：“您的皮肤上有点儿小毛病，如果不及时治疗的话，有可能会更厉害。”蔡桓公听了不大高兴地说：“寡人没有病。”扁鹊走后，蔡桓公说：“有些当医生的人，就喜欢给没病的人治病，把这个当作自己的功劳！”

过了十来天，扁鹊又去见蔡桓公。这次他看到蔡桓公的病情似乎加重了，便说：“您的病现在已经发展到肌肉里了，再不医治的话，恐怕会继续加重。”蔡桓公还是不理睬他。扁鹊无奈只能走了。蔡桓公又很不高兴。又过了十天，扁鹊再次觐见蔡桓公，他对蔡桓公说：“您的病现在已经到肠胃里了，不医治的话，会更加严重。”蔡桓公还是不理睬他。扁鹊走了之后，他还是因扁鹊说的话而感到十分不高兴。

又过了十来天，扁鹊远远地看见蔡桓公，立刻转身走了。蔡桓公感到十分诧异，于是派人去询问扁鹊为什么躲着他。扁鹊对来人说：“疾病在皮肤表面的时候，只要用热水焐、用药物敷就可以治好了；疾病在肌肉里的时候，用针灸也能够治疗；疾病发展到肠胃的时候，用火剂之药尚且可以治疗。而当疾病发展到骨髓里的时候，那就只能听天由命了，人力是无可奈何了。现在蔡桓公的病已经深入骨髓，我已经没有办法了。”

过了五天，蔡桓公突然感到身体疼痛，他赶忙派人去请扁鹊来给他治病，然而此时扁鹊已经逃往秦国了。蔡桓公最终因病而死。

85

郑伯克段于鄢

当初，郑武公在申国娶了姜氏为妻，称为“武姜”。姜氏生了两个儿子，一个是庄公，一个是共叔段。因为庄公出生的时候难产，姜氏受到了惊吓，所以给他取名“寤生”，并因此厌恶这个儿子。武姜偏爱共叔段，想要立共叔段为太子，她多次向郑武公请求，武公没有答应。

等到庄公即位的时候，武姜又请求庄公把制邑封给共叔段。庄公说：“制邑是非常险要的地方，从前东虢国的国君就死在那里。除了制邑，其他郡邑我都听您的。”于是武姜又请求改封京邑，庄公答应了。从此，共叔段住在了京城，被称为“京城太叔”。大夫祭仲进谏说：“都城的城墙超过三百丈，它就会成为国家的祸根。先王的制度规定：大的城邑不能超过国都的三分之一，中等城邑不能超过国都的五分之一，小的城邑不能超过国都的九分之一。现在京城的城墙不合制度，这对您是不利的。”庄公说：“我母亲姜氏要求这样，这哪里是我能左右得了的呢？”祭仲说：“姜氏哪里会满足呢？您不如早点儿给他安排一个地方，别让他发展壮大。一旦祸根滋长蔓延，再想制止可就晚了。”庄公说：“多做不义的事情，必会殃及自身。你等着看吧。”

没过多久，共叔段就命令郑国西边和北边的边邑听命于自己。子封说：“一个国家是不能出现两属这种情况的，您打算怎么办呢？您如果想要把郑国送给太叔，那就让我去侍奉他；如果您不打算给他，那么就请除掉他，不要让百姓产生二心。”庄公说：“无须操心，他会自取灭亡。”没过多久，太叔又把两个地方改为自己管辖，并扩展到廪延。子封说：“现在可以采取行动了！如果再放任他扩大土地，他将会得到民心。”庄公说：“不尊国君，不亲兄长，即使土地扩大了，最终还是会垮台。”

太叔修整城郭，囤积粮食，修缮盔甲兵器，准备好了步兵和战车，预备偷袭郑国国都。姜氏也做好了打开城门接应的准备。庄公听说太叔攻郑的日期后，说：“时机到了！”于是他命令子封率领两百辆战车攻打京邑。京邑的百姓背叛了太叔，太叔逃到鄢城。庄公又在鄢城讨伐太叔。五月二十三日，太叔逃到了共国避难。

共叔段出逃以后，庄公将武姜安置在城颍，并且向她发誓：“不到黄泉，就永远不要再见面了！”然而没过多久，庄公就后悔了。

在颍谷有个小官吏名叫颍考叔。他听闻庄公的事情，便说自己有东西要献给庄公。庄公赐他饭食，他吃饭的时候，将肉单独放到一边。庄公问他为什么要这么做，他回答说：“小人的母亲尚在，我吃的东西她都吃过，但是她还没有吃过君王的肉羹，所以请让我带回家给我的母亲。”庄公不禁感叹：“你还有母亲可以孝敬，我却没有！”颍考叔说：“敢问是什么原因呢？”庄公将缘故告诉了他，并且说自己很后悔。颍考叔说：“这有何难！只要您挖出地下的泉水，再挖一个隧道与您的母亲相见，谁能说您的不是呢？”庄公听从了他的意见。

地道挖好了，庄公走进地道中去见他的母亲，母子二人最终和好如初。

86

宫之奇谏假道

公元前 655 年，晋国第二次向虞国借道攻打虢国。

虞国大夫宫之奇向虞公谏言道：“虢国在虞国的外围，是我们虞国的屏障。如果虢国灭亡了，我们虞国也不能幸免。晋国的贪欲不能开启，侵略者的野心更不能忽视。借道一次已经是过分的要求了，哪里还能再借道第二次？俗语说‘辅车相依，唇亡齿寒’，这就是我们虞国和虢国的写照啊。”

虞公说：“晋国与我们同宗，难道会害我吗？”宫之奇说：“太伯、虞仲，都是周太王（古公亶父）的儿子。太伯不听从父命，所以没能继承王位。虢仲、虢叔，是王季（太伯、虞仲的母弟）的儿子，他做过周文王的卿士，在王室立有功勋，他受勋的典策就放在盟府之中。晋国连虢国都要灭掉，难道还会吝惜我们虞国吗？况且，我们虞国难道比桓、庄之族（桓叔是晋献公曾祖，庄伯是晋献公祖父，晋献公尽诛他们的后代）与晋国更加亲厚吗？桓、庄之族有什么罪过呢，仅仅是因为构成了威胁，就被晋国杀戮，这就是与晋国亲厚的下场吗？至亲之人一旦产生了威胁，尚且要被屠戮，更何况一个国家呢？”

虞公说：“我年年祭祀的物品丰盛而清洁，神灵必会保佑我。”宫之奇回答道：“臣听说，鬼神并不亲近哪个人，他们只依随有德之人。所以《周书》上说‘皇天无亲，惟德是辅（上天待人无亲疏之别，上天只辅助有德行的人）’，书上还说‘黍稷非馨，明德惟馨（祭祀的黍稷并非有馨香，美好的德行才有芬芳）’，还有一句‘民不易物，惟德繄物（民众祭祀的物品相同，只有有德者的祭祀品才会被神灵接受）’。如此看来，没有德行，民众就不和睦，神灵就不会庇佑。神灵所凭依的，就是德行罢了。如果晋国消灭了虞国，崇尚并发扬德行，奉献芳香的祭祀品，神灵难道会拒绝吗？”

然而虞公没有听从宫之奇的劝阻，仍旧答应晋国假道伐虢。宫之奇无奈，带领他的亲属离开了虞国，他说：“虞国今年不会再举行祭祀了。晋国灭掉虞国，也就在此一举了。”

这年冬天，晋军班师回国的时候，在虞国驻扎，便趁机一举灭掉了虞国，虞公也被生擒了。

87

触龙说赵太后

赵惠文王死后，他的儿子孝成王即位。孝成王年纪尚幼，便由赵威后代为执政。赵太后刚刚掌管事务，秦国就急忙趁机攻赵，于是赵氏向齐国求救。齐人说：“必须送长安君来做人质，我们才肯出兵。”长安君是赵太后最疼爱的小儿子，太后不肯，大臣们一起竭力劝谏。太后很不高兴，对左右近臣明言：“谁再提让长安君做人质的事情，老妇我一定将唾沫吐你脸上！”

左师触龙希望面见太后，太后满脸怒气地出来见他。触龙进到殿内，小步快走到太后面前，向太后请罪说：“老臣患足疾已久，很长时间都不能快走，所以很久没来看望您了！私下里我宽恕自己，又时常担心太后您的身体有什么不舒适，所以想来看望您。”太后说：“老妇全靠车辇。”触龙问：“那最近饮食都还正常吧？”太后说：“每天喝一点儿粥罢了。”触龙说：“老臣最近食欲不振，只能勉强走走路，一天走个三四里，才能稍稍增加一点儿食欲，身体也舒适一些了。”太后说：“我做不到啊。”听了触龙这一番寒暄，太后之前脸上的盛怒之气也稍微缓和了。

触龙又说：“老臣的儿子舒祺，年纪最小，最不成气候。但我年纪大了，就偏偏疼爱他。希望他将来能做个宫中的侍卫，老臣冒死来请求太后！”太后说：“你放心，我答应你。他现在多大年纪了？”触龙回答道：“今年十五岁了。虽然他年纪还小，但是老臣希望在我入土之前将他托付给您。”

太后说："你们大丈夫也怜爱自己的小儿子吗？"触龙说："比妇人更厉害。"太后笑道："妇人更厉害。"

触龙说："臣自认为太后您疼爱燕后，要比长安君更多。"太后说："您说错了，我更加疼爱长安君。"触龙说："父母疼爱子女，就为他们做长远打算。您当初送燕后出嫁的时候，抚摸着她的脚后跟，因为她远嫁而伤悲哭泣。她出嫁之后，您也不是不思念她，可每当祭祀的时候，您却祷告'一定别让她回来！'，这难道不是您为了她长远考虑，希望她的子孙相继为王吗？"太后说："确实是这样。"

触龙又说："推三世以前，到赵国建立的时候，赵王的子孙被封侯的，他们的继承人还有存在的吗？"太后说："没有了。"触龙说："不只是赵国，其他诸侯国君的子孙能够世代继承侯爵的，还有吗？"太后说："老妇没有听说过。"

"这就是祸患来得早就殃及自身，来得晚就殃及子孙。难道说国君的子孙就一定不好吗？他们身居高位，却没有功勋在身，他们拿着丰厚的俸禄，却没有任何功劳，竟还占有着无数的珍宝。现在您偏爱长安君，给他封地、宝物，还不如让他为国家做点儿贡献，否则您百年之后，长安君如何在赵国立足？老臣因此觉得您没有为长安君做长远打算，所以您疼爱长安君远不如燕后。"

赵威后听了这番话，说道："我明白了，就按照您说的去做吧！"于是，赵国为长安君安排了一百辆兵车随行，送他去齐国做人质。齐国这才派兵援救赵国。

赵国一位贤人子义听说这件事，不禁叹道："国君的孩子，骨肉至亲，尚且不能依赖没有功勋的高位、没有功劳的俸禄，徒守着珍宝器物，更何况做臣子的呢！"

88

子鱼论战

齐桓公死后，宋襄公图谋霸业。公元前638年，宋襄公为了与楚国争霸，出兵攻打郑国。楚国出兵援助郑国，宋襄公准备应战，大司马公孙固（字子鱼）谏言道：“上天早就抛弃了商朝，君王还想复兴它，这是违背天意不可赦免的。”宋襄公不听劝阻。

于是宋国与楚国在泓水交战。宋军已经列阵在前，楚军还没有渡河。公孙固说：“敌众我寡，趁他们现在还没有渡河，我们赶紧攻下他们。”宋襄公却说：“不可以。”到了楚军渡过河还没列阵的时候，公孙固又请求攻打楚军。宋襄公仍旧说：“不可以。”等到楚军列阵完毕后，宋军才展开攻势，结果寡不敌众，宋军大败。宋襄公大腿受伤，近卫也均被歼灭。

宋国人都因此责怪宋襄公。宋襄公说：“君子不攻击已经受伤的人，不抓捕头发花白的人。古时之人作战，不依靠险隘的地形去阻击敌人。我虽然是亡国者的后代，但也不会攻击没有列阵的军队。”

子鱼说：“君王您不懂得作战的道理。强敌劲旅，如果在险隘之地还没有摆开阵势，这是天助我们。此时阻碍并攻击他们，有何不可？即使是这样，也还害怕不能取胜。现在的强国，都是我们的劲敌。他们在战场上即使碰见了老人，该抓还是会抓，为什么头发花白就要怜惜呢？让士兵们明白什么是屈辱，教给他们作战的技能，这是为了杀敌取胜。还没伤重到死的地步，怎么就不能攻击呢？如果你怜惜敌人再次受伤，那还不如一开始就不要伤害他们；怜惜敌人头发花白，那还不如投降不战。军队本就该根据有利的时机来作战，击鼓本就该用来鼓舞士兵的战斗意志。只要对战斗有利，在险隘之地攻击是可以的，鼓声大作鼓舞士气，攻击尚未完成列阵的敌军也是可以的。”

89

母训子发

子发，名舍，战国时楚国的令尹。

子发带兵攻打秦国，中途粮食断绝，于是派人回楚国求援，并让使者顺路去看望他的母亲。

子发母亲问使者：“战士们都还好吧？”

使者说：“战士们都把豆粒分着吃。”

母亲又问：“将军（即子发）还好吗？”

使者回答：“将军早晚都吃好肉好饭。”

子发打败秦国后回到家中，他的母亲却紧闭大门不让他进去。母亲令人转告子发说：“你听说过越王勾践伐吴的故事吗？有人献给勾践一坛美酒，勾践就让人把酒倒在长江的上游，让士兵们喝下游的水。水的味道并没有变美，但是战士们作战的勇气却增加了五倍。又一次，有人献给勾践一袋干粮，勾践又把它分给了军士。粮食的味道还没到下咽就没了，但是战士们高兴，作战时甚至以一当十。如今你身为将帅，战士们分豆而食，你却早晚都吃好肉好饭，这是为什么？《诗》中不是说过吗？‘好乐无荒，良士休休（寻欢作乐又能不荒废正业，贤良之人都安闲自得）’。意思是说，不要与大家离心离德。如今战士们在战场上出生入死，你却在享受安乐，即使这次取得了战争胜利，也绝不是领军作战之术。你不是我的儿子，进不了我家的门！”

子发听了母亲的话十分羞愧，于是赶紧向母亲谢罪，母亲这才开门让儿子进了家门。

90

唐太宗试赂

唐太宗忧心官吏们收受贿赂，所以他想出一个办法，秘密派人去贿赂这些官吏，以此来判断这些人是否清正廉洁。

有一个门令吏收了一匹绢，太宗知道了，就准备杀掉他。民部尚书裴矩劝谏道："当官的收受贿赂，确实该死。但这是陛下派人送给他的，他才接受了。这样做是故意诱使人犯法，恐怕不合古人所说的'道之以德，齐之以礼（用道德去教导别人，用礼仪去规范别人）'吧！"唐太宗听了他的直言劝谏，很是高兴，于是召集五品以上的文武官员，对他们说："裴矩做官能够仗义执言，而不是表面恭顺，倘若大家能够事事做到这样，国家还有什么忧患呢？"

91

唐雎说信陵君

公元前 257 年，秦国围攻赵国首都邯郸。魏安釐王派晋鄙领兵援助赵国，但遭到秦王的威胁，魏军只好按兵不动。信陵君使魏王宠爱的如姬从宫中窃得调兵的虎符，杀掉晋鄙，夺取兵权，最终大破秦军，解救了邯郸，使赵国得以幸存。

信陵君救赵有功，但恐怕自己得罪了魏王，于是暂时留在了赵国。赵孝成王与平原君商议，打算将五个城邑封给信陵君。信陵君去赵国时，赵王亲自到邯郸郊外去迎接。唐雎对信陵君说："臣听说，这世上，有不可以知道的事情，有不可以不知道的事情；有不可以忘记的事情，有不可以不忘记的事情。"信陵君问："先生这话是什么意思呢？"

唐雎回答说："别人如果憎恶我，不可以不知道；我如果憎恶别人，不可以让别人知道。别人对我有恩德，不可以忘记；我有恩惠于别人，不可以记在心上。现在您杀了晋鄙，拯救了邯郸，击破了秦军，使赵国得以存续，这是大恩德。现在赵王亲自到郊外迎接你，仓促中见到赵王，希望您把这件事忘掉。"信陵君说："我一定谨记您的教诲。"

92

—

曹刿论战

鲁庄公十年春天，齐国对鲁国发动战争，鲁国准备迎战。曹刿听闻此事，便想要面见鲁庄公，为其献策。他的同乡人很不理解地问：“做官的人自然会考虑这件事，你又何必参与呢？”曹刿说道：“当官的见识短浅，不能深谋远虑。”于是入宫谒见庄公。

曹刿问庄公：“您打算依靠什么同齐军作战？”庄公认为自己向来施行仁义，便说：“衣服、食物这些用来安身的物品，我从不独自享受，一定会分享给别人。”曹刿说：“这都是小恩小惠，不能遍施于民。百姓不会因为这个就跟随您作战。”庄公听完又补充道：“祭祀用的牛羊玉帛等，从不对神明虚报数量，一定反映实情。”曹刿说：“这种小的诚信不能使人信服，神明不会因此保佑您的。”庄公心生疑惑，但是仍补充道：“大大小小的案件，即使不能件件都详细察看，但必定按照实际情况处理。”曹刿说：“这才是为民众尽心尽力办事，您可以凭借这一点同齐军作战。如果作战，请让我跟您一起去。”

作战那天，庄公和曹刿同乘一辆战车，在长勺与齐军交战。庄公准备击鼓进兵，曹刿说：“还不行。”等到齐军击鼓三次后，曹刿才说：“可以进攻了！”齐军大败。庄公想乘胜追击，却被曹刿阻止了。庄公不解，只见曹刿跳下车，查看齐军的车辙，又登上车凭轼远望齐军。庄公正想询问曹刿原因时，曹刿说：“可以追击了。”

大获全胜之后，庄王问曹刿得胜的原因，曹刿回答道：“作战是靠勇气的。第一遍击鼓时，敌军战士们勇气振奋；第二遍击鼓时，敌军的勇气就会衰退；等到第三遍时，敌军作战的勇气已经竭尽了。这时，敌军士兵勇气竭尽，我军士气正盛，以强攻弱，所以才取得胜利。”庄公点点头，表示赞同。曹刿接着说道：“大国是难以测度的，我害怕他们会有埋伏。他们的车迹很乱，旗子也倒下了，这才放心让我军乘胜追击。”

庄公听后恍然大悟。

93

击鼓戏民

楚厉王，春秋时期楚国国君。楚厉王在位期间为政残暴。因为性情暴戾、凶狠残忍，故得“楚厉王”谥号。相传，楚国人卞和在荆山中得到一块璞玉，想要将璞玉进献给楚厉王。楚厉王让玉匠鉴定，玉匠却说这其实是块石头。这使得楚厉王大怒，认为卞和欺骗自己，于是砍掉了他的左脚。

楚厉王曾与楚国民众约定，如果遇到外敌入侵或紧急情况，就立刻击鼓，以鼓声为号，召集民众一起抵御外敌。有一天，楚厉王在宴会上喝醉了，头昏脑热的楚厉王就拿起鼓槌乱敲一通。民众听到鼓声，以为外敌深夜来犯，十分惊慌，急忙拿起武器，聚集到一起，准备迎战。人越聚越多，宫殿底下顿时人声鼎沸。这时楚厉王才清醒过来，连忙派人制止说：“我是醉酒后和近侍开玩笑才击鼓的，并没有敌人来犯。”民众听完议论纷纷，看到楚厉王醉醺醺的样子，这才松懈下来，各自回家了。

过了几个月，楚国真的遇到了紧急情况。楚厉王赶紧击鼓发出警报，号召民众聚集。但是此时民众根本不相信他。他们听到击鼓声，有的人还想要前往宫殿聚合，但又犹豫不决；有的人认为楚厉王还是在跟大家开玩笑，于是不紧不慢，继续手中的劳作。楚厉王等了半天，没有一个人前来守城，最终让楚国吃了亏。

这件事让楚厉王认识到诚信对于法令的重要性，不把诚信当回事，法令就无法站住脚跟；法令的推行受到阻碍，国家安全也就存在巨大的隐患。为了重新获取民众的信任，楚厉王只好更改原先的法令，重新申明报警的信号，民众这才相信他。

94

—

孙权劝学

吕蒙，东汉末年名将。他身材高大，勇气过人，遇事冲锋在前，凭借一身硬气获得鲁肃的赏识。但在鲁肃眼里，吕蒙有勇无谋，是一介莽夫，即使受到孙权的重用，也难以有很大的发展。

孙权对吕蒙说："你现在当权掌管事务了，要时时进修，不能不读书！"然而吕蒙不思进取，以军中事务繁多为由推辞了读书学习的事。孙权见此便说："我难道是想要你研究经书去做博士吗？我只不过想让你多涉猎，多了解以前的事情而已。再说，你说军务繁忙，难道你比我忙吗？我经常读书，还是认为读书有很大用处。"经过孙权的劝诫，吕蒙深刻自省，开始学习。

后来，鲁肃到寻阳遇见了吕蒙，便和他交流起来。这一交流使得鲁肃大吃一惊，现在的吕蒙举止言谈都不俗。鲁肃对吕蒙说："你现在的才干与谋略，已经和当初吴县的那个阿蒙不一样了啊！"吕蒙听完很是自豪，便说道："读书人分别几天，就要用新的眼光去看待他了，长兄怎么这么迟才认清事物呀！"

鲁肃虽然年纪较大，在吴国的地位也远远高于吕蒙，但与吕蒙交流时，看到他能够听取意见，勤学好进，与之前判若两人，深深为之动容，于是决定亲自拜见吕蒙的母亲，并和吕蒙结为朋友，然后才告别。